# 国平论天下

## 伟大情怀

GUOPING LUN TIANXIA
ZHI WEIDA QINGHUAI

国家互联网信息办公室 主编

人民出版社

# 国 平 是 谁

## 你认识"国平"吗

近期以来，党媒人民网、新华网中常常出现重要评论文章，署名皆是"国平"。

7月初，第六轮中美战略与经济对话，国平发文《构建新型大国关系是一种政治智慧》。国家主席习近平访问拉美，国平发文《信息领域决不该有双重标准》《积极构建中拉命运共同体》。

中央审查周永康，国平发文《清除腐败是深化改革的必然之举》，7月31日国平又发文《中国不点头，日本入不了常》……

纵观这些文章，"国平"关注的事件不单重要，而且评论与中央步调高度统一，受到了广泛关注、刊载。

虽然，"国"姓也是中国传统姓氏之一，但这个"国平"很可能不是一个真人名字。近期出现的这些文章，大多为评论性质，且关注的事件涉及重大国计民生以及重要国际关系，更像代表国家的评论，而"国平"一词谐音也与"国评"一致。

在我国的新闻史中，长期存在以谐音笔名发表重要文章的传统，"李得胜""皇甫平"也在多个历史的关键节点中出现。

目前，官方还没有公开"国平"的身份，但从以往的案例看，"国平"显然来头较大，在以往的特殊意义署名中，很少出现"国"字头的作者。

其实，中央各部门以及高级领导也有过不同的笔名。你认识仲祖文吗？他的文章常常出现在《人民日报》的头版上。

在文章中，他向全国的党政干部喊话，《考核干部家庭道德绝非"小题大做"》《领导干部要远离"小兄弟"》《干部提拔先要来个"廉政体检"》《人才培养不能搞近亲繁殖》和《不能让老实人吃亏》等文章都是他的大作。

照着他的话，很多领导干部得到提拔。你如果读过他的《抓住换届契机大力选拔配备优秀女干部》《在完成重大任务、应对重大事件中识别和使用干部》《为优秀年轻干部成长打开宽广之路》《重视领导班子的经验结构》《领导干部要重视学习外语》等论述，就会知道最近他认为什么样的干部可能会得到擢升。

他在《人民日报》上的第一篇文章是《用好的作风学习贯彻六中全会精神》，刊登在 2001 年 9 月 29 日头版。

他出了一本书《清风正气——十七大以来仲祖文汇编》，版权页上的作者是"中共中央组织部研究室"。

公开报道显示，仲祖文是"中共中央组织部文章"简称的谐音。

仲祖文只是众多金光闪闪的笔名之一。很多中央有关单位的文章并不直接署上该单位名，而是使用笔名。

除了仲祖文，在《人民日报》上还有任仲平、钟轩理和郑青原等。任仲平是"人民日报重要评论"简称的谐音，钟轩理是"中央宣传部理论局"简称的谐音。

此种署名文章代表的是官方机构权威的思想。类似的还有"钟政轩"指中央政法委；"卫民康"指卫生部。

至于郑青原，他的文章不多，但很有分量。2010 年中共十七届五中全会后，《人民日报》和人民网连发三篇他的文章，题目分别是《在大有作为的时代更加奋发有为》《靠加快转变经济发展方式赢得未来》《沿着正确政治方向积极稳妥推进政治体制改革》。

关于政治体制改革的第三篇文章,在人民网以大字头条挂了24小时以上,前所未有。

## 郑青原是谁

2010年10月31日,新华网在首页醒目位置挂出了《揭秘:人民日报发表署名文章的"郑青原"》,这是关于郑青原的唯一权威资料。

但是,这篇文章的权威来自新华网这个渠道,它对郑青原的身份也只是猜测。在网民的观点——"郑青原"意在"正本清源"——基础上,结合郑青原文章的观点和内容,认为"这个'郑青原'系列文章是政治局级别的舆论导向,他是中央政治局形成的观点"。

用笔名发表政见是中共的政治传统。

1991年2月到4月,中共上海市委机关报《解放日报》刊登了《做改革开放的"带头羊"》《改革开放要有新思路》《扩大开放的意识要更强些》和《改革开放要有大批德才兼备的干部》四篇文章。作者是皇甫平。

在皇甫平的文章发表之后,全国不少省区市驻沪办事处人员都接到各自领导人电话,要求收集"全部文章",有的还派出专人到上海来了解"发表背景"。

为什么会这样?因为已经一年多没有那么高调地讲改革开放了。

皇甫平的文章激起了千层浪。

先是《当代思潮》《真理的追求》和《高校理论战线》等小杂志发文批判皇甫平,然后《人民日报》《光明日报》和《求是》相继投入战斗。批判一直持续到第二年邓小平南方谈话之后。

皇甫平是周瑞金、施芝鸿和凌河三个人的笔名。"皇甫平"可以解释为"黄浦江评论"简称的谐音。

根据周瑞金的解释,"皇"字与其家乡闽南话"奉"字谐音,"甫"读"辅","奉人民之命辅佐邓小平"是"皇甫平"的深层含义。

　　皇甫平的文章传达了邓小平的看法。

　　在皇甫平的文章发表之前，邓小平到上海过春节。在视察和参观过程中，邓小平发表了一系列深化改革的讲话，说："改革开放还要讲，我们的党还要讲几十年。"

　　周瑞金回忆说，1991 年春节前一天，他在一位上海市委领导家里看了邓小平讲话的记录稿，觉得应该把谈话精神宣传出去，没有向领导请示汇报。

　　1993 年，周瑞金调任《人民日报》副总编辑兼任华东分社社长。

　　在共和国成立之前，中共领导人都爱使用笔名。

　　毛泽东最有特色的笔名是"二十八画生"，因为"毛泽东"三个字共 28 画。1915 年，他在写《征友启事》时首先启用。1917 年，在《新青年》上发表《体育之研究》也用了这个笔名。

　　周恩来的笔名叫"飞飞"，多半是因为他字翔宇。1914 年，他主编杂志《敬业》，发表诗文都用这个笔名。"壹"和"1"则是周恩来的妻子邓颖超用过的笔名。当时，参加觉悟社，所有人都拈一个数字号码作为化名，邓颖超拈到"1"号，化名"逸豪"进行革命活动，以"壹"和"1"为笔名发表文章。

　　刘少奇的笔名有很多，肇启、陶尚行、莫文华、刘光明、刘作黄、刘祥、尚陶、赵启……一大堆，还有一个字母笔名"K.V"。

　　此外，任弼时、张闻天、王稼祥、陈云、陈毅、叶剑英、彭真等中共领导人都有笔名。

澎湃新闻网，2014 年 8 月 1 日

# 目 录
CONTENTS

## 家国情怀，凝聚中国之梦

## 纵横捭阖，展示外交风采

领袖风范，坦诚打动世界

平民风格，感动千家万户

# 平民情怀最动人

"我是延安人——2004 年习近平专访"，在网络视频播出后，好评如潮，点赞无数。

十年前，时任浙江省委书记的习近平接受媒体采访，深情回顾了年轻时代在延安梁家河插队时的难忘岁月。如今，习近平同志已经成为继往开来的新一代领导人，人们可以看到，正是那段在基层艰苦奋斗的经历，培育了他视人民为父母的深厚感情，锻铸了他艰苦朴素、求真务实的优秀品格，造就了他治国理政的卓越才能。正像网友所说，在习主席领导下，我们的党大有希望，我们的国家有美好未来。

亲民爱民为民，这是老百姓对习近平总书记执政理念和风格的概括。看过这段视频，听到许多口口传诵的故事，不禁想到习近平所反复强调的，要以人民利益作为我们工作的出发点和落脚点，这是始终一贯的。在总书记心中，人民利益永远是至高无上的。而这些，无不与他年轻时代就与老百姓建立的深厚感情，有密不可分的关系。十几岁到延安插队，20 多岁当村支书，吃粗茶淡饭，扛百斤大包，住简陋窑洞，挣几毛钱工分。习近平从这样的历练中，了解了人民的疾苦；从这样的实践中，研读国情这本大书；从这样的奋斗中，树立全心全意为人民服务的坚定信念。为官从政者应该从中得到很多教益：一个领导干部需要具备多方面素质，但最基本的还是要有群众观点、人民情怀，把自己的从政生涯同实现党的根本宗旨统一起来、结合起来。这样，为官才是好官，施政才有良政。

"艰难困苦，玉汝于成。"习近平的插队岁月，对今天的年轻人来说，也是一个极有说服力的励志故事。"到基层去，到困难的地方去，到祖国最需要的地方去"，是那个时代青年的志向。时代变了，条件好了，但有一个朴素的道理永远不会变：一个人成长成才，离不开大地，离不开人民。生活虽然贫困，但奋斗、创业，使年轻的习近平懂得了劳动的艰辛，生活的不易，体会到老百姓的勤劳智慧和善良纯朴。这奠定了他世界观、人生观、价值观的坚实基础。没有人可以轻轻松松取得成功。不因困顿而坠青云之志，不因挑战而彷徨不前，不因成绩而沾沾自喜，不因顺利而妄自尊大。从基层干起，脚踏实地，吃苦耐劳，一步一个脚印前进，这正是青年建功立业的必由之路。

"我是延安人"，是发自内心的深情表白。延安是战争年代我们党的根据地，条件之艰苦难以想象，但正是从那里走出无数优秀中华儿女。可以说，延安哺育了中国共产党人，为中国革命的胜利贡献巨大。习近平总书记一句"我是延安人"寓意很深，既是对老一辈共产党人惊天动地、艰苦创业的缅怀和景仰，更是告诉今天的人们，延安传统、延安精神，依然是伴随我们实现中华民族伟大复兴中国梦的最可宝贵的财富。

平民情怀最动人，动人之处也许正在这里。

2014 年 6 月 13 日

# 从梁家河读懂中国梦

　　习近平 2004 年接受专访讲述插队经历的视频，近日在互联网上热传。尽管人们对总书记从陕北黄土地一路走来的经历耳熟能详，总书记的许多故事也广为流传，通过十年前的视频，听习近平动情回忆刻骨铭心的青春岁月，听梁家河父老朴实还原他们眼中"吃苦耐劳的好后生"，那些鲜为人知的细节，仍然令人震撼，深深拨动众多网友的心弦。

　　习近平魂牵梦绕的梁家河，是他挥洒了七年青春的第二故乡，是他脱胎换骨之地，是他读懂人生、读懂中国的起承点。与梁家河乡亲们同甘共苦，人在一起、心在一起、吃苦流汗在一起的青春岁月，习近平经受了磨难，锻造了意志，砥砺出坚强。在这里，他零距离体察了民生疾苦，在这里，他锤炼出大气自信和清醒务实的品格。

　　没有哪一代人的青春是容易的，人生路漫漫，弹指一挥间，习近平留存在心底的灼人记忆，让人更加真实全面地感受到正能量的热度。"人的一生只有一次青春。现在，青春是用来奋斗的；将来，青春是用来回忆的……青年时代，选择吃苦也就选择了收获，选择奉献也就选择了高尚。青年时期多经历一点摔打、挫折、考验，有利于走好一生的路……只有进行了激情奋斗的青春，只有进行了顽强拼搏的青春，只有为人民作出了奉献的青春，才会留下充实、温暖、持久、无悔的青春回忆。"当选总书记第一年的习近平，对广大青年的"五四讲话"，也是自己的"青春总结"。毫无疑问，这段视频是一部最好的励志教科书，必将激励无数的年轻人自强不息、激情报国。

习近平的梁家河记忆，之于广大青年固然是最好的励志教科书，之于中国，其意义则远远超越"励志"。多年以后，人们深切感受到，中国共产党的执政品格，与领航人青年时代在"梁家河学校"锤炼而成的意志品格交相辉映。革故鼎新，体察民情；重塑执政伦理，整饬官风；吹响改革号角，夙夜在公；永远目光坚毅，时刻笑容可掬；讲话胸有成竹，思考深邃磅礴……正给共和国打开一片更加灿烂的天空。

这片灿烂的天空，就是中华民族伟大复兴的中国梦。"国家好，民族好，大家才会好。"习近平总书记深情描绘的中国梦，是国家民族的梦，归根到底又是人民的梦。"我们的人民热爱生活，期盼有更好的教育、更稳定的工作、更满意的收入、更可靠的社会保障、更高水平的医疗卫生服务、更舒适的居住条件"，总书记"用大白话，谈大问题"，对人民梦想感同身受；"人民对美好生活的向往，就是我们的奋斗目标"，如此有温度的"执政宣言"，没有空洞的说教，情真意切令人怦然心动，倍感温暖。正是因为梁家河记忆刻骨铭心，总书记对基层有着清晰、准确的认识和把握，知民情、体民忧、解民怨、想民愿，与人民群众有着天然的情感联系。中国梦激荡中华儿女的心，回望梁家河，我们更能读懂中国梦。

"政之所兴，在顺民心；政之所废，在逆民心"，这道理，亘古不变。从梁家河读懂中国梦，读出民心是我心。"上山下乡的经历，使我增进了对基层群众的感情。对于我们共产党人来说，老百姓是我们的衣食父母，我们必须牢记全心全意为人民服务的宗旨。要时刻牢记自己是人民的公仆，时刻将人民群众的衣食冷暖放在心上……像爱自己的父母那样爱老百姓，为老百姓谋利益，带着老百姓奔好日子，绝不能高高在上，鱼肉百姓……"重温习近平的梁家河记忆，帮助我们铭记中国梦的出发点，更深刻地认识到"勿忘人民"始终是执政党须臾不可忘记的立党之本，更加自觉地践行群众路线，坚决彻底转作风、扫"四风"。如果说，梁家河体现了"从群众中来"，教育实践活动则是落实"到群众中去"。

人们不会忘记，总书记顶风踏雪到太行，在村民家察看有无电灯电视电话，揭开锅盖察看吃什么，脱鞋上炕盘腿坐下，鼓励村民"只要有信心，黄土变成金"。总书记在甘肃贫困地区考察时向全党发出号召："多到群众最需要的地方去解决问题，多到发展最困难的地方去打开局面。"习近平曾说过："当县委书记一定要跑遍所有的村，当市委书记一定要跑遍所有的乡镇，当省委书记一定要跑遍所有的县市区。"如今作为总书记，他更是牵挂共和国土地上的每一个"梁家河"。中国梦不会遗忘每个人，梁家河做证。

从梁家河读懂中国梦，读出苦干实干才能圆梦。"人世间的一切幸福都是要靠辛勤的劳动来创造的。"习近平当年在梁家河，经历跳蚤关、饮食关、生活关、劳动关、思想关这"五关"的考验，带领村民冰水里打坝、建沼气池点亮穷山。多年以后，成为总书记的习近平指出："实现中华民族伟大复兴是一项光荣而艰巨的事业，需要一代又一代中国人共同为之努力。空谈误国，实干兴邦。"当前的实干，除了在各行各业恪尽职守、诚实劳动，当务之急是落实三中全会全面深化改革的各项部署，以过"五关"的精神气概，敢于涉险滩，敢啃硬骨头，坚决推进改革大业，才能实现中国梦。

回望梁家河，为中国梦做注脚。紧紧依靠人民群众，满足人民的美好愿望，解决人民反映强烈的问题，让人民的日子越过越好，中华民族伟大复兴的中国梦就会成真。

2014 年 6 月 13 日

# 领袖的青春岁月为何这般打动你我

连日来，世界杯的热潮挡不住一段旧日视频被网民们热捧——十年前习近平担任浙江省省委书记时接受延安电视台《我是延安人》节目的专访。在专访中，习近平回忆在延安的插队岁月，畅谈自己的生活、工作和家庭。视频经一些主流新闻微博转载后，转发量动辄数万条，网民跟帖留言无数，点赞如潮。

一段十年前的视频，一段40年前的乡村岁月，为何至今依然能打动你我？

一是真。真就是真诚、坦率、朴实，不回避缺点和走弯路。在专访中，习近平无所不谈，谈16岁刚到陕北时的"自由散漫""不太听招呼"，讲"面包喂狗""见了生肉直接吃"的故事，细说初见艰险劳动时的"震撼"，甚至不回避干了"三个月"跑回北京的"囧事"。

一个已经身居高位的人，能如此把青春岁月的糗事在镜头前娓娓道来，这种坦率与真诚殊为罕见。用真心才能换来真情，而这，恰恰是最为打动万千网民的一点。于是，"实在""不说大话""朴实如邻家大哥""语言真诚，性格率直，不浮夸"，满屏都是网民们的点赞语。

其实，谁都经历过青春岁月的幼稚、茫然与曲折，说出来反而说明一个人对自己成长道路的坦然自信。难怪，网民"王兴珂 Leo"说自己看过此片对习主席"刮目相看"，因为这说明"主席也是普通人，年轻时也茫然、会偷懒，正因看似平凡之不完美，才显得那么完美"。

二是义。义就是正义、正气，与老百姓打成一片，情同一家。习近平在专访中谈到，在陕北梁家河，从初期"炕不让人坐"到后期"打成一片"，与村民在劳动中建立感情，在窑洞讲天说地有默契，用自己的质朴与勤劳换得民众的真心。最终，习近平与这方土地、这里的老乡建立了深厚的感情，当他被推荐上大学时，全村男女老少都去为他送行。

一幕幕，一次次，七年的青春时光献给了黄土地。难怪，习近平回忆，在陕北总共只哭过两次，一次是突闻大姐去世，另一次就是老乡送行。习近平深情地说："这是我人生的一个启承点，这也是我人生逆境中的，是我人生中最需要各方面帮助的时候，延安人民向我伸出了无私的帮助之手……"

是不是真情付出，群众的心是雪亮的，习近平一句"理所当然把自己看作是延安人"触动了无数人的心灵。难怪，网民"Beyond"看出，"群众路线的源头在陕北岁月里"，而网民"潍坊小哥"干脆直呼："人民的好儿子，国家的好主席。"

三是实。实就是实干、有担当，为民众干实事，不玩虚的。在陕北的七年，习近平经历了"五关"的历练——跳蚤关、饮食关、生活关、劳动关、思想关。他能挑200多斤一口气走上十里地，他带领村民打井取水，打坝造田，改变了梁家河的面貌，他还千里迢迢赴四川取经，在陕北首创引进沼气，第一次通气时甚至被"喷了满脸粪"。离开后，习近平还不忘梁家河，联系帮助改善了当地校舍。

习近平自己总结说："我总感觉到了插队以后，是获得了一个升华和净化。个人确实是一种脱胎换骨的感觉。之后我们如果说有什么真知灼见，如果说我们是走向成熟、获得成功，如果说我们谙熟民情或者说贴近实际，那么都是感觉源于此、获于此。"

正因为如此，几十年来，习近平一直在工作中求真务实，当选党和国家最高领导人后提出"空谈误国，实干兴邦"。网民"海燕"说："同是下乡，有人把它视为苦难，有人把它看作历练，看作升华，这就是人与人之间的差别。"网民"混沌"认为："打铁还需自己硬，这一身的浩然正气便是锻造出来的。"

四是信。信就是信念、信心与信仰。回顾历史，纵观世界，一位位伟人，总是经历一番磨难磨砺后才一路成长，直至迸发。大好青春岁月，黄金时光，经过陕北农村的艰苦磨炼，经过内心彻底沉淀思索，经过苦心志劳筋骨建立起来的信仰、信心与信念才会坚韧不拔。

诚如习近平自己所说："陕北高原给了我一个信念，也可以说是注定了我人生过后的轨迹。经过了陕北这一堂人生课堂，就注定了我今后要做什么，它教了我做什么。""我现在所形成的很多基本观念，形成的很多的基本特点，也是在延安形成的……"

难怪，不少网民指出，陕北高原是习近平主席"中国梦开始的地方"。网民"土石"更是祝愿："艰苦的环境磨砺了伟人的意志，愿国家在您的领导下更加富强。"

青春无悔，中国有梦。谁都曾是青葱少年，谁都有峥嵘的青春岁月，时光的磨砺决定了一个人的理想、信念与人生轨迹。习近平主席的"真""义""实""信"启迪着世人：平凡之中见不平凡。亲百姓，知疾苦，接地气；说真话，有卓识，做实事——习主席就是这般打动你我。一个时刻把人民放在心中，一个经历过苦难、逆境磨砺，一个信念坚定的领导人，必定会大有作为。诸多网民深信，"咱们有这样的领导人是中国之福，百姓之福！""习近平主席将带领人民群众走得更远，中国会更强大。"

2014 年 6 月 13 日

# 习总书记平民风格的现实意义

党的十八大以来，习近平总书记在中国政坛和干部队伍中大力倡导新风，走平民路线、抒平民情怀、展平民风格，让广大老百姓感到"离自己很近、和自己很亲"，也为广大干部克服和纠正身上的官僚主义习气，立了标杆、作了示范。习总书记的平民风格，从他的工作作风、生活态度、兴趣爱好、人情交往甚至衣着穿戴中，都自然而然地流露出来。

说"大白话"，入耳入心、直接地气。习总书记经常用一些普通群众听得进、记得住的话来表达思想、用"大白话"来讲大道理，充满浓郁的生活气息。比如，他用"鞋子合不合适，自己穿了才知道"，讲一个国家发展道路的选择；用"同样一桌饭，即使再丰盛，8 个人吃和 80 个人吃、800 个人吃是完全不一样的"，来阐明对中国发展现状的清醒认识；用"萝卜青菜各有所爱"比喻文明的多样性；用"碗与勺子难免相碰"来形容与周边国家的关系；他将青年时期价值观的养成比喻成"穿衣服扣扣子"，"如果第一粒扣子扣错了，剩余的扣子都会扣错，人生的扣子从一开始就要扣好"；他讲树典型不能用"开小灶""吃偏饭"的方式来催生；他视察军营时说的"能打仗、打胜仗"这句实实在在的大白话，成了部队各项训练和军事演习"硬邦邦"的基本标准；等等。这样的"大白话"在习总书记的讲话中比比皆是。许多普通群众都说，"习总书记没有架子，他像咱老百姓一样说话，很亲切，像拉家常"。说大白话，就是说"平常人的话""普通人的话"，讲的是"群众语言"，习总书记这些"大白话"，通俗易懂、简单明了、直白质朴，入耳入脑入心。

住"普通房"，严于律己、率先垂范。习总书记反对特权享受，他在住的问题上从不讲究，总是放下身段，严于律己。他外出考察调研，经常住的就是普通房，从不提任何额外要求。2012年底，他到河北阜平考察时，住的就是县招待所的一个小套间，只有16平米大小，家具陈旧，卫生间瓷砖开裂。当地人员歉意地说，本来是可以安排在附近一家条件好一些的旅馆，他笑着说，这样就挺好，不必讲究。他还说："小房子优越性很大，走两步上厕所，打电话都很方便。"他到河南兰考，也是住在焦裕禄干部学院一个普通的学员宿舍里，按照他的要求，不放鲜花、不摆水果，和其他宿舍并无二致。住"普通房"不只是一个简单的住宿问题，它折射出来的是一种平等意识和严于律己的精神。

吃"家常菜"，勤俭节约、反对浪费。提倡勤俭节约，反对"舌尖上"的浪费是习总书记平民风格的一个重要缩影。当年在正定县，他就总是在机关食堂与大家一起吃"大锅饭"，在生活上不搞特殊，上级来人，也是用正定的传统饭菜来招待，如扒糕、猪头肉、馄饨、缸炉烧饼、荞麦面饸饹，这就是他常说的"正定宴"。他常常提醒和告诫党员干部"少出去应酬，多回家吃饭"。特别是，他身体力行，到各地考察时，都吃简简单单的家常菜，食堂自助餐、大盘菜更是屡见不鲜。2012年12月，习总书记来到广州军区，在部队吃了两顿午饭，都是在士兵餐厅同战士们一道吃的自助餐。2012年12月，他在河北阜平县看望慰问困难群众，一顿晚餐，菜单只有四个热菜。他两次到兰考，也都是在焦裕禄干部学院职工餐厅用餐，每餐都是大锅饭菜。吃的几顿饭，从"内容"到"形式"，都跟老百姓在家吃的没有两样，基本上是有着浓郁"河南味"的烩面、胡辣汤、大烩菜。他还上庆丰包子铺品尝"平民美食"，二两大葱猪肉馅包子、一份炒肝和一份芥菜，成了大家传颂的"主席套餐"。

穿"平常衣"，轻松自然、朴素无华。习总书记在衣着穿戴上经常展现出简约随意、朴素大方的风格。他在兰考考察期间穿的深蓝色外套，样式和质地都很普通。在个人着装上，他不墨守成规，不那么刻板，在考察调研甚至一些会议上也都全程不系领带，从造型上让人感受到了新的气象。特别是，他冒雨在武汉新港阳逻集装箱港区考察时，挽起裤腿、撑着雨伞、雨水打湿衬衫的场景，温暖了万千江城市民的心。今年3月，他在抵达荷兰的当晚，身穿改良版的中山装出席国王举行的盛大国宴，精干稳重、大气端庄，又轻松自然，让人耳目一新。

交"草根友"，眼睛向下、有情有义。和群众交朋友，和那些普普通通的人深交、久交，这是习总书记平民风格的又一重要特征。他不忘有"一饭之恩"的农民朋友吕侯生，寄路费、花钱给他治病；他和"草根作家"贾大山的"神交"，情真意切、感人至深，深厚情谊是那么的纯粹，一个平凡的"草根作家"成了他的"好朋友、好兄长"；他在福建工作期间，还曾亲自下厨炒酸菜猪肉款待当年在梁家河当知青时的两位陕北汉子石治山和石春阳；他不忘师恩，每逢过年都会给老师送上问候和祝福；在福州时，他长期资助家庭困难的孩子读书，直到他们走上工作岗位；他调中央任职后，依旧与浙江下姜村的农民频繁书信往来，尽显一个领袖的平民情怀。交什么友、怎么交友，体现了一个人的立场与态度，反映出一个人内心深处的思想感情。

抒"真性情"，真切真挚、动容动人。习总书记的"真性情"突出体现在他浓浓的亲情、友情、乡情和厚重的家国情上。他常念亲情友情，常抒家国情怀。在他的话语体系中，经常出现孩子、老人、家庭、生活，感情细腻而真挚。他与家人推着坐轮椅的父亲、与母亲牵手散步、早年骑着自行车载女儿等照片，温馨又温暖，流淌着柔情似水的孝与爱。他作为亲属参加纪念习仲勋同志诞辰 100 周年座谈会，让人倍感亲切、倍受教育和倍加感动。他在福州任职时，夫妻两地分居，每天都会给妻子打个电话问候；出访时，他在飞机舷梯上为夫人撑伞、手挽着手走出舷梯，一幕幕"举案齐眉"的情景，动容动心动人。

晒"大众趣"，还原本色、回归本真。爱好折射出一个人的情操、品位和修养，也是一个人生活情趣的反映。习总书记在他的话语中，常常会谈及个人的兴趣爱好，以此与广大民众找到更多的"共同语言"、更多的"共同话题"，融入、融合、融洽。他曾谈到，自己爱好挺多，最大的爱好是读书，他说，"我经常能做到的是读书，读书已成了我的一种生活方式"；他还说，"我也是体育爱好者，喜欢游泳、爬山等运动，年轻时喜欢足球和排球"，自己也是一个足球迷；他还曾经表示，"有时间我看一些 NBA 比赛，甚至还看一点美国棒球赛"；他甚至会谈论流行音乐，说"歌手梁静茹在中国广为人知，被许多中国歌迷认为是中国人"。这些兴趣爱好带有浓郁生活气息，具有浓厚的大众色彩，都是普普通通人的喜好。习总书记与大众兴趣相投，进一步拉近了距离，还原了做人的本色与本真，传递出伟人首先也是个真人，是一个有着自己个人喜好的有血有肉、真真切切的人，打破了"不食人间烟火"的神秘感。习总书记这些平实的本真，让领导人的形象更加立体、饱满和生动、鲜活起来，更加可亲可爱，可以"触摸"。他积极健康的兴趣爱好，是一种导向、一种助力，在广大干部中会形成一种蓬勃向上的好风气。

走"亲民路"，同行同向、灵动善融。亲民乐民爱民，是习总书记平民风格中最显著的特征。无论在地方还是到中央，他都以最大努力与广大群众保持密切联系，尽最大可能与普通群众保持亲密接触。他喜欢深入到群众当中去，拉家常、问冷暖；喜欢融入到百姓当中去，与民相亲、与民同乐，在与民众的"零距离"交流中，听民声、解民意、知民情，"老吾老以及人之老，幼吾幼以及人之幼"。无论是庆丰包子铺里与市民一起排队就餐，还是南锣鼓巷与老街坊"拉家常"；无论是深圳莲花山公园与市民相伴而行，还是深圳罗湖区渔民村里与居民亲切交谈；无论是在甘肃兰州养老餐厅给老人端菜送饭，还是到河北阜平访贫时在炕上盘腿而坐、雪地上与乡亲搀扶而行，等等。用老百姓的话说"总书记没有一点架子，到家里就跟走亲戚一样"。走"亲民路"，就是走为民爱民乐民之路，就是走一切为了群众、一切依靠群众的群众路线，从根本上说就是走执政为民之路。

习总书记的"吃穿住用行"特别是言与行，彰显"平民色"和"平民情"，展示"平民样"和"平民趣"，这不是个简单的姿态和形象问题，更是一种昭示和导向，表明作为人民公仆，就应该有这样一种立场、态度和感情。习总书记身上有浓厚的"平民情怀"，"这或许与他的经历有关"，因为"实际上他要比一般平民子弟更早地经受生活的磨砺"。他是以自己的努力，得到基层干部群众的信任、爱护与支持，也因此很早形成了他的平民情怀。然而，他身上凸显出来的这种平民风格说到底更是共产党人公仆情怀、公仆意识的表现，是全心全意为人民服务宗旨的体现，是马克思主义群众观和群众路线的具体实践，所以，也是一种示范、一个标杆，是克服官僚主义的一面镜子和一部教材。这是习总书记平民风格的现实指导意义。

2014 年 7 月 7 日

# 树不能断根，人不能忘本

"15 岁来到黄土地时，我迷惘、彷徨；22 岁离开黄土地时，我已经有着坚定的人生目标，充满自信。作为一个人民公仆，陕北高原是我的根，因为这里培养出了我不变的信念：要为人民做实事！"这是习近平同志曾经在一篇文章中写下的温情回忆。

2 月 13 日，习近平总书记来到陕西考察调研，第一站就到延安市延川县梁家河村，这里是他当年插队的地方。在那艰苦岁月，他住窑洞、睡土炕，忍耐跳蚤叮咬，与村民同吃同住，打坝挑粪、修公路、建沼气池，在这里加入中国共产党，担任大队党支部书记。在阔别的岁月里，他 4 次给梁家河村回信，表达惦念之情，鼓励乡亲们脚踏实地、真抓实干。而今，他来到这里，见到当年的人，谈起当年的事，话起当年的劳动场景。这一切，令人感慨万端。

树不能断根，人不能忘本。不管你身在何处，故乡总是永远的牵挂；不管你走多远，来处总是永远的铭记。这是做人的宝贵品质，也是我们党不变的信念。总书记情牵故地的感人故事，如此生动、具体地从一个侧面表明，共产党人永远不忘本，永远记得自己的根。90 多年来，中国共产党之所以从小到大、从弱到强，就在于这一宝贵品质；之所以成为在 13 亿人口大国执政的大党，成为伟大事业的领导核心，就在于永远不忘记人民这个根本。

在新的形势下，一些党员干部淡忘了宗旨信念，不是把自己定位于人民公仆，而是自认为官老爷。有的淡漠了与人民群众的深厚感情，把血肉联系、鱼水关系变成了"油水关系"。有的遇事只为一己得失考虑，不从老百姓的利益出发想问题、做决策、办事情，不把人民安危冷暖记挂心上。这一切表明，在一些党员干部心里，人民这个根断了，人民这个本忘了，人民这个魂丢了。

列宁说过，忘记过去就意味着背叛。断了根、忘了本、丢了魂，迟早是要出大问题的，一个人如此，一个执政党亦如此。十八大以来，我们党坚持"铁八条"、反"四风"，老虎苍蝇一起打，在全党开展群众路线教育实践活动，说到底就是要从根本上校正全党同志思想上的航向，让人民利益始终成为各级干部的行动指南。习近平总书记更是在一系列重要场合，从不同角度、不同侧面，深刻强调了这个根本问题。他的治国理政思想核心，就是实现人民利益。以习近平同志为总书记的党中央之所以赢得党心民心，就在于一系列新理念新思路新举措都牢牢植根于人民，展现着一切以人民为中心的新时代光芒。

不忘初心，方得始终。去年全国两会上，习近平总书记在贵州代表团参加审议时语重心长地说："我现在看到贫困地区的老百姓，确实发自内心地牵挂他们。作为共产党人一定要把他们放在心上，真正为他们办实事，否则我们的良知在哪里啊？"去年全军政治工作会议于福建上杭县古田镇召开时，习近平总书记给大家留下一道思考题："我们当初是从哪里出发的、为什么出发的"。今天，在实现"两个一百年"奋斗目标、实现中华民族伟大复兴中国梦的征程上，不忘初心，永远记得从哪里出发，始终思考为什么而出发，人民就永远是我们党不懈奋斗的根本依靠，永远是我们夺取胜利的力量源泉。无论我们遇到什么样的艰难险阻，人民都会永远与党在一起，共同面对，生死与共。

2015 年 2 月 14 日

# 有情有义　立根群众

　　11 年前，习近平接受延安电视台《我是延安人》专访时动情回顾了插队梁家河的峥嵘岁月，最后承诺说会重返梁家河，"一定，一定会去"。

　　11 年后的今天，习近平总书记携家人在临近春节之际重回第二故乡，看望乡亲们，给老乡们拜年。消息在互联网上一经传出，立马引领欢呼声一片，"铁汉柔情""真心为民"之类点评在刷屏。

　　人常说，千金一诺。习近平再次回到那片魂牵梦绕的土地，不仅实现了当年的承诺，而且展现了他有情有义的真性情，体现了他立根群众、与老百姓血脉相连的家国情怀。

　　说有情有义是因为，情系梁家河说明习近平身居高位不忘本，永远不忘他挥洒了七年青春的热土地和土地上的乡亲们。重看 11 年前的镜头不难发现，习近平对梁家河父老乡亲是如此牵系，透露的那些鲜为人知的细节，让人深深震撼。11 年后，习近平重返梁家河，一句"我的人走了，但是我把我的心留在了这里"拨动了许多网友的心弦。

　　说有情有义是因为，几十年来，习近平一直关注、关心梁家河的父老乡亲，而且亲力亲为，通过种种方式帮助他们。习近平在福建任职时，把一位名叫吕侯生的梁家河老友接到福建，自己花钱为他看病；这次回梁家河，村民梁耀才一句"你那年寄给我的钱收到了"，道出一段不为人知的故事——梁耀才妻子生了重病，习近平得知后，寄来 1000 块钱。这其中饱含的情义让许多人动容。

说有情有义还因为，与以往到地方视察不同的是，习近平这次是带着家人，给梁家河乡亲们拜年。熟悉中国人情礼节的人都深知，这里面多了一层意思，浓浓的亲情尽在不言中。习近平用陕北方言介绍妻子彭丽媛"这是我的婆姨"，拉家常的气氛油然而生。从网络流出的照片看，习近平一家与乡亲们嘘寒问暖，合影留念，温馨时刻不断。

有情有义说到底，是与老百姓情同一家，心中永远眷恋泥土的芳香。而这，正是习近平情系梁家河的根源所在，亦是人们对习近平交口称赞的原因所在。习近平曾把郑板桥《竹石》的名诗改动几个字，表达他对上山下乡的体会："深入基层不放松，立根原在群众中。千磨万击还坚劲，任尔东西南北风。"

立根群众体现了我们党"从群众中来，到群众中去"的基本原则，更体现家国情怀的大爱。习近平是从窑洞里走出的总书记，他时刻不忘老百姓的疾苦。这次一踏上故土，他查看农情，走家串户，问寒问暖，一举一动都透露出与百姓的鱼水情、手足爱。

立根群众就是要与老百姓打成一片，情同一家。梁家河七年，习近平与乡亲们在劳动中建立感情，在窑洞讲天说地有默契，用自己的质朴与勤劳换得民众的真心。后来，当他被推荐上大学时，全村男女老少为他送行。此次重回梁家河，总书记自己出钱给乡亲们采办饺子粉、大米、食用油、肉制品等年货，还带来春联、年画等，家家有份。

立根群众就是不忘老百姓疾苦，要为民众干实事，不玩虚的。梁家河七年，习近平锻造了意志，砥砺出坚强，能挑 200 多斤一口气走上十里地；他带领村民打井取水，打坝造田，改变了梁家河的面貌；他还千里迢迢赴四川取经，在陕北首创引进沼气。离开后，习近平还不忘梁家河，联系帮助改善了当地校舍。

　　立根群众，就是牵挂着共和国土地上的每一个"梁家河"。"中国梦"的实现离不开农村的发展，发展农业、造福农村、富裕农民，是13亿多人口大国治国安邦的头等大事。从梁家河开始，到在省市领导岗位，再到担任国家领导人，如何让农民们过上好日子，如何发展中国农业、农村，一直是习近平不断思索的问题。人们注意到，2015年中央一号文件围绕增添农村发展活力，对全面深化农村改革作出了进一步部署。

　　亲百姓，爱故土，有情有义——一个时刻把人民放在心中的领导人最能赢得人民支持。"深入基层不放松，立根原在群众中。"习近平总书记情系梁家河是告诉世人，领导干部要身体力行，与老百姓心相通、血相连。心里装着老百姓，时刻为老百姓着想，老百姓的日子才会越过越火红，国家才会越来越强盛，中华民族伟大复兴的中国梦必将早日成真。

2015 年 2 月 14 日

# 只缘扎根群众中

春节前夕，中共中央总书记习近平携家人来到延安市延川县梁家河村看望父老乡亲。

"作为一个人民公仆，陕北高原是我的根，因为这里培养出了我不变的信念：要为人民做实事！"习近平总书记曾深情回忆他在梁家河的 7 年插队岁月，正是经过那一段艰苦锤炼和上下求索的岁月，他加深了对中国亿万普通百姓的感情，把牢了为人民服务这个宗旨，坚定了治国理政必须心中有民的信念。

西方一些政治学研究者总喜欢将不同的国家划分为"民主的""准民主的""不民主的"或"专制的"等等类型。尽管对划分标准或政体称谓争论不休，但在这些学者看来，"民主国家"一定是由大多数民众构成执政基础。有意思的是，这些学者中有人发现，西方所谓"民主国家"的"执政联盟"未必代表了普通民众的利益。更有一些学者认为，中国共产党的执政方式和执政道路无法用西方学说简单解释，其成功之处必有奥秘。

其实，看懂了习近平总书记的"梁家河情怀"，了解了中国共产党过去、现在的实践，就应该明白中国道路的特殊性和中国共产党的执政根基所在。无论是革命政权草创初期，红军战士们在瑞金沙洲坝为老百姓挖的那口水井，还是延安时期将"和人民群众紧密地联系在一起"明确为党的三大作风之一，共产党人始终不忘"来自人民、植根人民、服务人民"，始终不忘"党的根基在人民、血脉在人民、力量在人民"。正是党与人民建立了如此深厚的鱼水关系，才能得到千百万民众的支持，才能组织起威武雄壮的人民子弟兵，由小变大，由弱变强建立人民政权。新中国成立后以及改革开放30多年的实践进一步表明，共产党代表着亿万人民的根本利益，能够团结各族人民，凝聚各阶层人民的力量和智慧，从而让国家实力不断增强，国际地位空前提高，让人民群众的日子实实在在地越来越好。

"人民对美好生活的向往，就是我们的奋斗目标"。党的十八大闭幕之时，习近平总书记用这样一句话再次强调了"在任何时候任何情况下，与人民同呼吸共命运的立场不能变"的坚定态度。回顾以习近平为总书记的党中央两年多来提出和制定的一系列治国理政的思路和举措，可以明显感到，"心中有民"是最鲜明的特色。从严治党，整顿党风，打击腐败，深化改革，实现中国梦，所有这一切顺乎民意，深得民心，党和国家的事业也因此能够不惧风险排除万难，能够稳步推进，成果丰硕。

从"梁家河的情怀"中，人们能够读出很多很多故事，而最根本最朴实的一点是，只要党扎根于群众之中，就能从人民群众中汲取无穷无尽的力量，得到真心实意的支持。而这是党以强大自信带领人民从胜利走向新的胜利的根本保证。

2015 年 2 月 16 日

# 艰难困苦，玉汝于成

每一朵梦想之花都有曾是一颗种子的时候，习近平总书记心中的中国梦也自然有它最初萌发的地方，而这个地方应该是承载过他青葱岁月的梁家河。

从 40 年前走出窑洞、北上求学的那天起，"为人民干实事"的信念就悄然在习近平心中扎根。正是在梁家河，还不满二十岁的习近平赢得了乡亲们"能吃苦、干实事、好读书的好后生"的好口碑，成为他最初有关梦想的青春印记。习总书记新春之际对梁家河的回访，可以视作是与 40 年前那位"谈得了古今中外，修得了良田沼气池"的好后生的一次隔空对话，回眸历史，尤其值得年轻干部们揣摩体悟。

时光荏苒。与 40 多年前不同的是，当今中国的社会面貌已有极大改善。年轻干部们再也不用像少年习近平一样为跳蚤而苦恼，也不需要像他那样不分白天黑夜铡草担麦子了。但艰难困苦的爬坡路能够磨炼一个人的意志，优越舒适的温柔乡则会消磨一个人的斗志。当前，有的年轻干部恃才傲物、眼高手低，一心只想着攀龙附凤、走"高端路线"，不屑于扑下身子，倾听基层的民声民情；有的年轻干部心太大、心太急，年纪轻轻只想着升官成名、早出政绩。在这种急功近利的扭曲心态下，个别年轻干部甚至脱离群众、误入歧途，毁掉了大好前程。

有句话说得好，"只有坐在同一条板凳上，才缩短了心与心的距离；住在农家的炕头上，收获的不只是建议；我的脚下沾有多少泥土，我的心中就沉淀多少真情"。年纪轻轻的习近平能获得乡亲们"好后生"的赞扬，就在于将安身立命、成长发展的根系深深扎进了人民群众之中，与父老乡亲们一起面对风吹雨淋、体味酸甜苦辣，真正做到与人民群众同呼吸、共命运。而这也恰恰是我们党从弱小走向强大，从一个胜利走向又一个胜利的力量源泉和不二法门。

"凿井者，起于三寸之坎，以就万仞之深。"年轻干部是筑造中国梦的今日生力军、明日主力军。年轻干部在日常工作中能不能时刻牵挂群众的温饱冷暖，直接关系到党心与民心间的远近；年轻干部在关键时刻能不能想群众之所想、急群众之所急地敢于担当，直接影响到党情与民情间的亲疏。"出名要趁早"的急功近利，"以地位金钱论成败"的庸俗成功学决不适用于我们的年轻干部。

身为年轻干部，"须趁早"的应该是在青春岁月以为人民服务的信念陶冶情操，"论成败"的应该是在有生之年能否为实现中国梦注入更多的正能量。年轻干部只有立根群众，把工作做到田间地头、社区工厂，才能让自己的青春朝气吹动基层群众的心弦；只有立根群众，把群众的喜怒哀乐、柴米油盐挂在心头、记在心上，才能把实在的政绩投射到群众的心坎上、眉目间。对年轻干部自身成长来说，也只有在急、难、险、重中砥砺磨炼，才能激发潜力、积累经验，打牢成长的根基。才能像当年的"好后生"习近平一样在人生和事业的道路上走得稳、走得远，走出一条无愧于心、无愧于党、无愧于人民群众的正道坦途。

习近平用40年的风雨兼程，完成了从一个略显青涩的梁家河好后生到肩挑重任的中国梦领路人的成长与蜕变；也用这40年立根群众、成长成才的心路历程，书写了一部堪称中国梦缩影般的"好后生成才录"。"一年之计在于春"，在新春来临之际，相信所有年轻干部看了习近平新春在梁家河的一言一行，都会油然而生一种做习近平一样的好后生的拼劲，以"百年圆梦还看今朝"的干劲践行自己的中国梦。

2015 年 2 月 16 日

# 赤子情怀最动人

三秦大地的这个初春春意分外足，暖意格外浓，因为习近平总书记用了整整四天时间在陕西探民情、访乡亲，与人民群众深情互动，将喜气洋洋的新年祝福面对面、心贴心地传递给了众多的父老乡亲。当习总书记陕西之行的感人话语和动人画面逐渐为更多的人所知所感，习近平与父老乡亲们水乳交融般的赤子情怀也让互联网上越来越多的中国人为之动容。

这四天来，无论是在黄土高原山沟里的梁家河，还是在千年古都西安的古城墙；无论是杨家岭的希望小学，还是二零五所社区，习近平所到之处都能看到这样的场景：萌萌的孩子们喊着"习爷爷好！"酷酷的年轻人异口同声地叫着"习大大新年好！"抑制不住兴奋之情的西北汉子索性敞开嗓子反复喊着"习总书记辛苦了！"人民群众发自内心的兴奋与激动着实让人印象深刻。有人评论道，习近平在春节来临之际对三秦大地的造访，不经意间给了基层群众近距离释放内心感动的难得机会。这些看似简单的祝福和问候，实则透露出在过去一年里，中国人对习总书记带领全党"改革惠民生、反腐得民心"的叫好。

回首过去的一年，扎扎实实的改革成果和反腐成就无疑构成了人民群众如此真切问好的基础，而习近平平易近人、有情有义的魅力和风范，更是点燃了人民群众对他的爱戴与亲近。有道是"一枝一叶总关情"，人民群众最懂得谁是最可敬可亲的人。当飞机刚一着陆，习近平就马不停蹄地乘车赶往生活过 7 年的梁家河，这种急切是对父老乡亲们的牵挂与思念。当第一眼看到照金村围拢上来的村民们时，习近平就连着三问："年货办了吗，孩子上学方不方便，还有什么困难"，这看似拉家常的三问，问出的是总书记对民生民情的关注体贴。细节之处尤见真情，在西安古城墙，面对簇拥着自己想要握手的游客时，习近平一边握手还一边不忘叮嘱大家注意安全"不要急"。情到深处，习近平用三个"永远"表达自己对父老乡亲的赤子情怀："永远不会忘记梁家河，永远不会忘记父老乡亲，永远不会忘记老区人民。"而这情真意切的"永远"，习近平实际上已经用从作别陕西至今 40 年对父老乡亲不变的牵挂作出了最动人的证明。

"大人者，不失其赤子之心者也"。当对父老乡亲 40 年愈陈愈浓的深情流淌在了每一项改革每一份文件之中，当对父老乡亲 40 年历久弥新的乡愁润物无声地化作了"让所有人过上好日子"的中国梦，时刻怀着对人民的赤子情怀，以"黄土地的儿子"的朴素定位，一步一个脚印地鼓足力气实干。"黄土地的儿子"理所应当地收获了人民群众最真诚最朴实的点赞与拥护。美国哈佛大学也用客观、严谨的调查作出了佐证：习近平作为大国领导人的国内国际认可度和人民信心度名列第一。

习总书记陕西之行的四天行程是短暂的，但它所展现出的总书记与人民群众间水乳交融的情谊，带给国人内心的震撼却是巨大的。它向世人昭示，即便斗转星移，与人民群众的血肉联系是我们党的不变底色。人们相信：凭着习近平这位中国梦领路人感人肺腑的赤子情怀；凭着习近平"让人民过上好日子"的 40 年如一日的赤子之心，中国梦的实现不会需要太久的时间。

2015 年 2 月 17 日

# 平凡的世界里走出的不平凡中国梦

"最近在忙什么？推介《平凡的世界》啊。我跟路遥很熟，当年住过一个窑洞，路遥和谷溪他们创办《山花》的时候，还是写诗的，不写小说。"这段不经意的对话，是习近平总书记3月5日参加上海代表团审议活动间隙与电视剧《平凡的世界》推介者曹可凡交流的一个片段。透过中国梦领路者与《平凡的世界》间的点滴联系，足以让我们获得一次近距离体悟中国梦之源的难得机会。

对于很多60后、70后来说，小说《平凡的世界》的主人公们对外面世界的向往和自强不息、勤劳善良的品质，激励乃至影响着他们的一生。借助最近电视剧《平凡的世界》的热播，不少80后、90后也开始认识、喜欢上了主人公孙少安、孙少平兄弟俩。其实，假如将时间拨回到1975年，青年习近平与青年孙少安、孙少平们也有着一段在平凡的世界里饱尝苦难与抗争的相似轨迹。

正如一家网媒梳理的那样：1975年，习近平和同龄人孙少安、孙少平一起经历了连抢水喝都能闹出人命的陕北大旱；当孙少安困于家境忍痛放弃初恋润叶时，习近平也因为"家庭问题"在入团、入党乃至上学的问题上诸事不顺；当孙少平通过阅读《钢铁是怎样炼成的》来支撑饥饿而自卑的求学生活时，窑洞里的知青习近平也为了借本《浮士德》徒步走了60里山路。

"少年心事当拿云，谁念幽寒坐呜呃"。正是因为在平凡的世界里经历了同样的苦难艰辛与磨炼砥砺，凭着不向苦难低头的倔强和创造更美好生活的冲劲，习近平和孙氏兄弟都在梦想的鼓舞下向命运发起了挑战：孙少平进城揽工、孙少安干起砖瓦厂，习近平则北上求学开始了他注定不平凡的追梦路。也或许就是这个时候，中国梦的种子被不经意地埋入了这平凡世界里的黄土地。

"不忘初心，方得始终"。1975年，当习近平走出陕北那片路遥笔下"平凡的世界"时，并没有忘记还留在那里的孙少平、孙少安们。而是将千千万万个孙少平、孙少安的没有开花结果的爱情、没有空闲读完的书、没有成功的创业化作了同样一个梦想扛在肩上、挂在心间。40年来，无论是作为县委书记耕耘于河北正定，还是作为省级领导主政福建、浙江，习近平始终没有忘记那些"平凡的世界"里的兄弟姐妹们的梦想，始终把"让人民过上好日子"的信念记在心间。每到一个地方，就要造福一方百姓，也就因此有了"正定翻身""晋江奇迹""八八战略"这一系列发展佳话。

有道是"怀着梦想奋斗，全世界的困难都要给你让路"。十八大上，习近平说出那句"人民对美好生活的向往，就是我们的奋斗目标"时，不知道在他脑海里是否浮现过当年在"平凡的世界"里的酸甜苦辣。但一定可以肯定的是，在习近平提出的中国梦里，一定包含着孙少平、孙少安们当年向往却未能完全实现的梦想。

"功崇惟志，业广惟勤"。要努力实现承载了千千万万个平凡世界里的父老乡亲们的中国梦想，就必须担当起该担当的责任，脚踏实地地奋斗、扎扎实实地工作。为了让黄土地的儿女们不再重演孙少安因为贫穷而放弃爱情的苦涩无奈，习近平锐意改革、改善民生。为了让孙家儿孙们都能够免于懒政庸政和潜规则的拖累，享有公平的发展环境去追逐梦想，习近平铁腕反腐、老虎苍蝇一起打。"一枝一叶总关情"，可以说，在习近平治国理政脉络里的每一个细节，无不渗透着对"平凡的世界"的关注与牵挂。

从《平凡的世界》里的故事开始到今天，已经过去了整整40年，我们显然难以还原习近平和路遥可能的窑洞对话。但可以确定的是：习近平实现中华民族伟大复兴的中国梦，与路遥笔下"平凡的世界"里那些"带着悲壮的激情，在艰难的道路上进行人生搏斗"的平凡梦想，是息息相关、情怀相通的。当羊年之初，习近平说出"把改革方案的含金量充分展示出来，让人民群众有更多获得感"时，已经再次昭示了一个新年好消息：从平凡的世界里走出的中国梦想，将一定不平凡！

2015 年 3 月 7 日

# 网上网下离群众近些更近些

习近平总书记近日在中央党的群团工作会议上的重要讲话引发强烈反响，会议之所以引人注目，不仅因为这是党 94 年历史上第一次召开这样的会议，不仅在于七常委均出席的高规格，更在于把这个工作提升到了"巩固党执政的阶级基础和群众基础"和"推进国家治理体系和治理能力现代化"的高度。

不少外国人对"群团工作"这个词比较陌生，不太理解这个词。其实，如果读懂了这个词的含义，就会真正地读懂中国共产党，并能够理解为什么中国民众这么支持中国共产党，中国共产党为什么能创造中国改革的奇迹。

会议强调了新形势下加强和改进党的群团工作的重要性和紧迫性——对于群团组织，面临的最大新形势应该就是网络了，所以，中共中央 7 月 9 日发出的《关于加强和改进党的群团工作的意见》中尤其强调要"打造网上网下相互促进、有机融合的群团工作新格局。群团组织要提高网上群众工作水平，实施上网工程，建设各具特色的群团网站，推进互联互通及与主流媒体、门户网站的合作。加强网宣队伍建设，综合运用维权热线和网络论坛、手机报、微博、微信等新媒体平台进行网上引导和动员。站在网上舆论斗争最前沿，主动发声、及时发声，弘扬网上主旋律"。

蓬勃生长的互联网，堪称今日中国现代生活中一个"最大变量"，群众生活已经日益深深融入互联网中，在网上表达和交流，在网上购物，利用网络进行工作。群团工作的对象是人，人在哪儿工作重点就应该在哪里。

在中国，网络汇集 6 亿多网民，这片阵地，谁都无法忽视，也根本丢失不起。这需要我们的群团工作要有阵地意识，要提高网上群众工作水平，在"阵地不能丢"的忧患意识下积极争取群众，成为群众信得过、靠得住、离不开的知心人、贴心人。只有网上网下离群众更近些，群众才会听党话、跟党走，紧密地团结在党的周围。

群团工作应该有深刻的危机和忧患意识。习近平总书记在此前强调过："群团组织要去'机关化''娱乐化'。去'机关化'，关键在于认清群团组织的群团属性，真正走进群众、亲近群众，和群众心连心。"什么是机关化？如果群众活跃在网上，而我们的群团却不懂网络，这就是机关化。如果群众在网上有很多诉求，而我们的群团工作方法非常陈旧，却听不到这些诉求，这就是机关化。去机关化，就是要打破高高在上，打通群团与群众之间的围墙，让群团组织活跃于网上网下，哪里有群众需求，哪里有问题和矛盾，群团工作就要做到哪里。只有网上网下离群众近些更近些，才能充分激发蕴藏在人民群众中的巨大创造力，凝聚起实现"两个一百年"奋斗目标和中国梦的磅礴力量。

2015 年 7 月 10 日

# 短帽轻衫乌镇行　一枝一叶总关情

　　千年乌镇，水韵流光，水乡溢彩。随着第二届世界互联网大会的召开，嘉宾贵客在这里驻足流连，讶异于这里的小桥流水、粉墙黛瓦，如此透骨地诠释着文化的底蕴，忘情地演绎着美的传奇，令人有如醉如痴乐而忘归之感。人们禁不住追问，这人间绝美的乌镇从哪里来？

　　乌镇从吴越的历史中来，然而如此美轮美奂的乌镇却又不只源自历史。仅仅在几十年前，这里还流传着一句口头禅"车子跳，乌镇到"。这里曾是桐乡最后一个通公路的乡镇，直到1992年乌镇北栅通江苏省的公路才打通。乌镇何以破茧成蝶？

　　最近，一幅十年前的照片被媒体翻出。画面上，其时主政浙江的习近平同志草帽遮颜，烈日当头，汗透衣衫，正凝神静气目视前方，聆听地方同志介绍情况。真可谓一图胜千言，行基层察实情的关切之情溢于言表。原来，这是2005年8月3日，习近平同志第5次来到乌镇，调研乌镇发展。时任乌镇古镇保护与旅游开发管理委员会主任的陈向宏说，习近平临走时握着他的手，鼓励他克服困难，坚持"以保护历史遗产来开发旅游"的发展理念不动摇。

　　无疑，这只是一幅基层调研的普通工作照。习近平同志在浙江工作6年里，至少先后5次到乌镇调研，每次都反复强调要保护好乌镇这一历史文化遗产。可以说，正是习近平高瞻远瞩，呕心沥血，精心为千年古镇设计了发展之路，才有乌镇的传奇今日。

　　这样的基层调研场景，也只是习近平同志工作经历中的普通一幕。从1983年任正定县委书记时，临时在大街上摆桌子听取老百姓意见的那幅正侧耳倾听老大娘说话的画面；到1988年时任福建宁德地委书记时，下乡调研和群众一起参加劳动的那幅扛着锄头走在前头的场景；再到1989年7月19日中午，到"地僻人难行"的"五无乡镇"结"草鞋亲戚"的那次"异常艰苦、异常难忘"的调研，同样是烈日当空，酷暑难耐，习近平头戴草帽，汗透衣背，风尘仆仆。可以说，走基层、访民情，为一方发展谋大计，为一方百姓谋福祉，是习近平同志工作的主线，百姓心、平民情贯穿始终。

　　前不久，习近平总书记在一次演讲中回首40多年来工作经历，感慨"扶贫始终是我工作的一个重要内容，我花的精力最多"，至今铭记"善为国者，遇民如父母之爱子，兄之爱弟，闻其饥寒为之哀，见其劳苦为之悲"的古语，令人感怀。

　　短帽轻衫行基层，一枝一叶总关情。回望历史，正是有一大批这样优秀的共产党人不忘基层、心系百姓、为民谋福、勇担重任，才有人民生活的显著改变，才有祖国面貌的沧海桑田。

2015年12月16日

# 百姓冷暖　家国情怀

"要坚持以民为本，民有所想所求，我们就要帮助他们，为他们服务。"3月8日上午，习近平总书记参加十二届全国人大四次会议湖南代表团审议时，强调要补齐民生短板，再次体现出对民生冷暖的格外牵系。

人们记得，2013年11月，习近平总书记曾到湖南省花垣县排碧乡十八洞村考察扶贫工作，并在那里首次正式提出了"精准扶贫"。如今，习近平总书记向湖南团代表们详细询问十八洞村的发展情况。"现在人均收入有多少了？""条件比十八洞村还差的有多少？"……关心之情，溢于言表。

善为国者，遇民如父母之爱子，兄之爱弟，闻其饥寒为之哀，见其劳苦为之悲。惦记老百姓冷暖的情怀，已经融入习总书记的血脉之中。40多年来，从一个生产大队党支部书记到泱泱大国领航者，习近平始终牵挂着贫困群众，扶贫与提高民生福祉是他工作的重中之重。

十八大以来，从太行山深处的河北阜平县骆驼湾村到湘西十八洞村；从大雪封山的云南鲁甸地震灾区到贵州遵义花茂村，习总书记访真贫、看真贫，千山万水、风雪兼程，询饥饱、问冷暖、恤困苦。总是出现在祖国的某个贫困的社区、乡村，与民众在一起。

有媒体统计，习总书记的20多次国内考察，其中15次涉及扶贫开发，有7次是把扶贫开发作为主要内容。习总书记说过，"对各类困难群众，我们要格外关注、格外关爱、格外关心，时刻把他们的安危冷暖放在心上，关心他们的疾苦，千方百计帮助他们排忧解难……"

民生连着民心，民心关系国运。扎扎实实抓扶贫，一心一意为民生，关系到改革发展稳定大局，关系到老百姓有没有实实在在的"获得感"。党的十八大以来，一项项扶贫攻坚新机制陆续出台，为攻坚拔寨源源不断地释放着改革红利。

扶贫不是放空炮，真抓实干是正道。"坚持精准扶贫、精准脱贫，重在提高脱贫攻坚成效"。习总书记在湖南团再次强调："抓工作不能狗熊掰棒子，去过的每个地方都要抓反馈。""在总书记眼里，老百姓的事都是大事情，要用心用情对待。"有湖南代表这样感慨。

民惟邦本，本固邦宁。牵系百姓冷暖，想民之所想、所求，体现了习总书记浓浓的家国情怀。

2016 年 3 月 9 日

# 扎扎实实打赢脱贫攻坚战

"'十三五'时期是脱贫攻坚啃硬骨头、攻城拔寨的时期，必须横下一条心，加大力度，加快速度，加紧进度，齐心协力打赢脱贫攻坚战"。习近平总书记在青海代表团参加审议时强调，要确保到2020年现行标准下农村牧区贫困人口全部脱贫、贫困县全部摘帽，这让青海的与会代表兴奋不已，让全国上下关切。

雄踞世界屋脊东北部的青海，是个神秘而诱人的地方，她如同未经雕琢的玉石，朴拙中深含神奇风采。青海有汉、藏、回、蒙等40多个民族，500余万人口，有包括"三江源"和多种矿产在内的丰富的自然资源。近年来，青海的经济增长幅度较快，但地区生产总值的总量、人均GDP、城乡居民人均可支配收入，以及地方财政收入等主要社会经济发展指标低于全国平均水平。一些农牧区的贫困状况让人忧心，贫困人口数量不少，脱贫工作难度相当大。正因为此，习近平总书记牵挂着青海各族人民，明确提出了横下一条心，齐心协力打赢脱贫攻坚战的要求。

"青海拉面与兰州拉面有什么区别？""农牧民现在生孩子都到医院去吗？""村里都有保健室吗？乡里都有医院吧？"这一句句细致入微的问话与交流，不仅体现了总书记平易近人的魅力，更显示出他随时随地注重调查研究的风格。而这正是脱贫工作必须"精准"的必要前提，是打赢脱贫攻坚战的基本保障。

世界舆论一直在关注中国大规模的脱贫工程，公认中国解决贫困问题的努力和成就令人惊叹。中国为什么能坚持不懈地扶贫，并能提出确保到 2020 年实现现行标准下贫困人口全部脱贫的伟大目标？这首先是因为中国的执政党始终把人民群众利益放在首位，对仍未摆脱贫困的百姓怀着深深的感情，始终给予极大的关切。

面对脱贫攻坚的艰巨任务，习近平总书记一再强调要"扭住精准"，"做到精准扶贫、精准脱贫，精准到户、精准到人，找对'穷根'，明确靶向"，再三要求要扎扎实实地做工作，真扶贫，扶真贫。习近平总书记在参加青海代表团审议时，以及在近年来关于扶贫工作所做的重要系列讲话中，都反复强调求真务实精神，强调调查在先、行动于后、循名责实、务求实效的严谨作风，这必须成为打赢脱贫攻坚战的根本要求和理论指导。

有一首青海花儿唱道："过完了旧年是新年，又到了正月的半间，改革开放着永不变，尕日子过哈的舒坦。"日子越过越舒坦，这是各族人民的期望，也是党带领人民为之奋斗的目标。

2016 年 3 月 11 日

家国情怀，凝聚中国之梦

# 习总书记首访喀什体现对南疆问题的重视

4月27日至30日，习近平总书记对新疆进行考察。27日，总书记考察的第一站是喀什。这是中国最高领导人第一次亲临喀什。不少媒体把这看成意在强调反恐，"总书记亲赴反恐前线"，这恐怕是一种误读。习总书记首访喀什，实际上体现出对南疆问题的重视。

去年12月19日中央政治局常委会讨论新疆问题，习总书记发表了重要讲话，提出了新疆治理的重要理念和方法，强调要把南疆问题从整个新疆问题中突出出来。南疆是新疆自然环境差、经济社会发展落后、社会稳定形势相对严峻的区域。南疆虽然面临更多的反恐方面的压力，但是反恐并不是南疆问题的全部。

总书记在喀什不仅视察了部队、派出所，也走访了学校和居民家庭，对农村发展、双语教育、就业、群众生活等问题非常关心。总书记在南疆5地州负责同志座谈会上说，"要切实解决好各族群众面临的教育、社保、住房等问题，解决好群众反映强烈的水、路、电、气等突出问题，认真帮群众办实事、解难事，使民生工程真正成为民心工程。"反映出总书记对南疆社会发展和群众生活水平的高度关注，而这些问题的解决，正是从根本上消除暴力恐怖滋生土壤和生存空间的途径。

总书记此次在新疆考察的范围很广，可以看出，习总书记这次新疆考察的重点是维护新疆长治久安和社会稳定，视察的点都是有关社会发展和维护稳定的。对部队和派出所、兵团的视察体现出对反恐的坚定态度，总书记强调"对残害生命、穷凶极恶的暴力恐怖活动，要高举法治旗帜，保持严打高压态势，出重手、下重拳，先发制敌，坚决把暴力恐怖分子的嚣张气焰打下去，以震慑敌人、鼓舞人民"。视察学校时，总书记强调要办好双语教育，不仅是有利于就业而且可以促进民族团结，同时要求汉族教师也要学好维吾尔语。

这次考察中，总书记提出了一些对新疆的发展具有重要意义的政策思路，如"发展二、三产业，开发项目、建设重点工程，无论谁投资，都要注重增加当地群众就业，促进当地群众增收"。这对于促进当地群众从本地经济发展中充分受惠具有重要意义。

总书记提出要通过抓发展、惠民生，让群众有事干、有钱挣、有盼头，不断增强党在各族群众中的凝聚力，不断增添爱国爱疆正能量。明确了抓发展的目的是让群众得到实惠，是不断提高群众的生活质量和生活期望，这是实现新疆稳定的基础。

习总书记在听取新疆维吾尔自治区党委和政府工作汇报时要求"对长期在新疆工作的干部特别是基层优秀干部，要在职务职级晋升、住房、津贴、个人和家庭安全等方面制定有关政策"。这对于基层尤其是南疆的干部来说是个大好消息，他们一直在呼吁和盼望国家制定此类政策。

总书记提出要加大少数民族干部培养力度，对经过实践检验是思想作风正派、对党忠诚、能力较强的少数民族干部，积极培养、放手使用。这对于新疆的广大少数民族干部是很大激励，既提出了要求，也给予了施展才能的机会和平台。

2014 年 5 月 2 日

# 新疆：从"边疆"到"中心"

　　近年来，随着国内和国际形势的变化，新疆议题越来越具有全国性的意义。无论是 2013 年国家主席习近平在哈萨克斯坦提出的"丝绸之路经济带"战略构想，还是 2014 年 3 月发生在昆明的恐怖袭击案件，新疆都首当其冲成为国家发展和安全战略的关键一环。与新疆有关的议题不再受到地理空间的局限，正在史无前例地从"边疆"走向"中心"。2014 年 4 月 27—30 日，国家主席习近平来到新疆进行了为期四天的考察，正是新疆议题在全国"中心化"的体现。此次习近平来到新疆，四天时间里深入南疆基层广泛走访调研，除了传统的强调发展和改善民生内容之外，一些新的变化也体现出习近平在十八大之后治疆方略的轮廓。

　　首先，新疆工作的着眼点发生了微妙的变化。2010 年第一次"新疆工作座谈会"以来，新疆工作强调的首先是"跨越式发展"。而此次习近平首先提到的是"以社会稳定和长治久安为工作的着眼点和着力点……为实现新疆跨越式发展创造条件"。在新疆的稳定问题已经对中国全局造成影响的情况下，新疆的稳定无疑对于内地改革开放和经济发展具有重要的意义。因此，新疆的稳定，不仅仅意味着一个区域的稳定，而是对中国改革和发展全局都具有重要影响的稳定。

　　第二，习近平此行专程考察了喀什地区的一所"双语学校"。"双语教育"是近年来新疆被外界诟病的众多地方政策之一，其原因多种多样。这其中首要因素是快速推进的"双语教育"无法有效保证足够质量的师资。这个问题在乌鲁木齐这样的首府中心城市表现并不明显，因为少数民族的双语教师大都能够熟练掌握两种语言。但在南疆地区，部分维吾尔族双语教师无法有效使用汉语进行授课，导致学生维汉两种语言皆无法良好地掌握，成为家长不满的一个重要原因。此次习近平除了肯定汉语学习的重要性以外，还尤其叮嘱汉族教师要认真掌握维吾尔语，可以看作是"双语教育"现存问题的一个纠偏。

第三，南疆地区，由于过往多次发生的暴力恐怖事件，在外界眼中已然是一个基层管理混乱、非法宗教互动泛滥和暴力恐怖活动猖獗的地区。此次习近平一行深入南疆主要地区进行走访，呈现在媒体当中的，却是一个风平浪静的南疆。事实上，即使过往多次的暴力恐怖事件发生在南疆，该地区的总体状况依然是稳定的，基层治理也是有序和有力的。举例而言，喀什地区下辖的岳普湖县，过去三年来，没有发生一起"暴恐事件"。过往南疆问题多发的地区，多是流动人口巨大的县城或者是偏僻城乡结合部。很显然，考虑到南疆地区巨大的国土面积，不能因为个别地区出现了"暴恐事件"，就认为整个南疆都处于混乱无序当中。习近平此行，等于破除了"南疆混乱"这样一个媒体报道构建出来的"拟像"。

第四，新疆近两年来面临的首要问题，即是非法宗教活动和极端宗教思想泛滥。这和新疆地方相关部门由于理解认识偏差和体制束缚造成的应对不力有着一定关系。习近平此次着力强调要满足信教群众正常的宗教需求，以及充分发挥爱国宗教人士的作用。如何理解极端宗教思想并在此基础之上寻求应对之道，习近平此番表示，对于新疆创新宗教管理工作应该能够产生一定的助推作用。伊斯兰教，不仅仅是中国新疆一地的地方宗教，而是一个世界性和全国性的宗教。目前全国的穆斯林人口数量超过 2000 万，且分布在全国的每一个省份。全球化时代中国如何应对和伊斯兰世界的关系，如何面对内地广大穆斯林人口，新疆在此方面的探索和创新，对全国具有重要的借鉴意义。

第五，过去20年以来，困扰新疆地方治理的一个问题，是如何充分和有效发挥少数民族干部对本土社会文化了解的优势，并将其成功转化为现实的公共服务行为。少数民族干部，是新疆治理和发展当中重要的基础性力量。此次习近平新疆视察明确表示，"要加大少数民族干部培养力度，对经过实践检验是思想作风正派、对党忠诚、能力较强的少数民族干部，积极培养、放手使用"。2013年，自治区任命帕尔哈提·肉孜为和田县县委书记。习近平此番表示，可以看作是对积极培养和重用少数民族干部的肯定。

第六，2013年，习近平在哈萨克斯坦提出了建设"丝绸之路经济带"的战略构想。这一构想是对美国在东亚和南海战略的直接反应，也承载着未来深入推进国家改革开放和经济发展希望。在古丝绸之路沿线各个省份纷纷以多种形式响应此战略的背景下，习近平此次表示新疆应积极参与"丝绸之路经济带"的建设。的确，作为古丝绸之路的核心要道和毗邻中亚诸国的关键省份，新疆如何参与将直接决定"丝绸之路经济带"能否成功建成。建设"丝绸之路经济带"不仅仅是重新恢复往日西部贸易辉煌的一个简单举措，还是中国21世纪中亚地区战略关键环节。近日，国务院总理李克强明确表示要加强"丝绸之路经济带"与"长江经济带"和"海上丝绸之路"三大跨区域经济带的对接，此举明确显示了新疆对于国家全局经济发展尤其是对于中西部经济发展的重要地位。

第七，2014年，美国和北约即将撤出阿富汗。目前阿富汗塔利班正在加紧夺权的准备，美国撤军以后的阿富汗局势尚不明朗。但是塔利班极端组织在阿富汗和巴基斯坦地区卷土重来，势必对新疆的周边安全形势带来更大压力。事实上，在路透社3月的一篇报道里提到，巴基斯坦塔利班的据点，已经越来越接近中巴边界地区，而巴基斯坦同喀什地区接壤。习近平此次南疆考察专程赶往喀什，并指出喀什是反对恐怖主义的前沿阵地，体现出对 2014 年后南亚局势的担忧。因此新疆，尤其是南疆地区，成为中国抵御国际恐怖主义威胁的第一道屏障。

　　2014 年的新疆，注定不平凡。4 月 30 日，习近平结束新疆考察以后，央视《新闻联播》用 22 分钟的时间深入报道此次考察。这无疑昭示了新疆已经从地理上的"边疆"，走到了国家战略的中心位置。新疆，面临前所未有的历史机遇。

2014 年 5 月 3 日

# 习主席新疆考察展现"铁汉柔情"

近日，国家主席习近平赴新疆进行了为期 4 天的考察。这是十八大后习主席首次来到新疆，他的一句"最美还是我们新疆"展现出的真挚情感，一下子打动了无数关心、热爱这片土地的人。"习大大终于来新疆了！新疆人民看到希望了!"名为"姐不是缪斯"的网友这样欢呼。

村民家中听民声，走进学校问"双语"，练兵场上看演习——习主席视察新疆，既发出"不辞长作新疆人"的感慨，又提出对付暴力恐怖犯罪分子要"出重手、下重拳"的指示，展现出"柔情铁汉"之风貌，赢得网民一片"点赞"。

所谓"柔情"，体现在对人民的关爱，聆听民众的心声，与人民永远在一起。

"与人民心心相印""与人民同甘共苦""与人民团结奋斗"——这是习近平的一贯要求。人们记得 2012 年 11 月他在当选中共中央总书记后同中外记者见面的演讲中，19 次提到"人民"二字。

到国内任何地方考察，习主席都爱到百姓家坐坐，这次到新疆，他来到村民阿卜都克尤木·肉孜家，高兴地戴上维吾尔族小花帽，成为铭刻人心的经典一幕。习近平还察看了起居室、厨房、牛羊圈、果园和农机具，同乡亲们围坐拉起家常，一起听村民演奏维吾尔族传统乐器艾吉克拉。

"柔情"体现在关注民生，让老百姓都过上好日子，让普通民众能"共同享有人生出彩的机会，共同享有梦想成真的机会，共同享有同祖国和时代一起成长与进步的机会"。

新疆之行，习主席一直强调"政策要围绕合民意、惠民生来制定"。在疏附县阿亚格曼干村，习主席叮嘱地方干部解决好群众反映的问题：到新疆果业集团有限公司参观，他在赞扬新疆干果"味道好"之余，不忘问农牧民的收益如何；在喀什举行的南疆5个地州负责同志座谈会上，他指示"要通过抓发展、惠民生，让群众有事干、有钱挣、有盼头"。

"柔情"体现在关注孩子的成长。在疏附县托克扎克镇中心小学，习主席关切地问孩子们"家离学校远吗""中午饭吃得好吗"，微笑着欣赏孩子们踢毽子、跳绳、玩足球，同师生们合影留念，离别时依依难舍。

"柔情"更体现在民族团结上。"民族团结一家亲"，"团结"是习近平主席新疆之行的另一个关键词。习主席到访乌鲁木齐市洋行清真寺，同新疆宗教界代表人士进行座谈交流，希望新疆广大宗教界人士继续发扬爱国爱民的优良传统，旗帜鲜明反对宗教极端思想，通过科学解经引导广大信教群众正确理解宗教教义。在学校，他叮嘱汉语老师学好维吾尔语，希望校长"少数民族孩子双语教育要抓好"……

一路走，一路看，习主席展现的"柔情"一幕一幕：他两赞戍边民兵马军武"了不起"；他赞扬中专学历院士陈学庚"英雄不问出处"；他以"这挺好玩"勉励水果网上形象代言人"果叔"……与"柔情"相对应的是，在攸关新疆稳定与国家安全的反恐、反暴力问题上，习主席展现出"铁汉"风貌、铁腕作风。

军队是维护新疆稳定的主力军。他冒雨观摩新疆军区实弹射击等实战化训练课目演示。在视察新疆军区某红军师时，他叮嘱"要把红色基因融入官兵血脉，让红色基因代代相传"。

武警和基层派出所位处反恐、防暴的最前线。在喀什市公安局乃则尔巴格派出所，他观看反恐防暴演练，借用戚家军鼓励民警，指示"对付暴力恐怖犯罪分子一定要有有效手段"。在武警新疆总队某部特勤中队，他以"宝剑锋从磨砺出，梅花香自苦寒来"勉励官兵，希望大家"为祖国和人民再立新功"。

新疆生产建设兵团在维护新疆稳定与发展中具有不可替代的独特所用。"屯垦兴，则西域兴；屯垦废，则西域乱"——习主席以史为例，强调兵团工作"只能加强，不能削弱"，"要让兵团成为安边固疆的稳定器、凝聚各族群众的大熔炉、汇集先进生产力和先进文化的示范区。"他还冒雨检阅了民兵队列，察看了武器装备，鼓励民兵指战员提高综合素质和训练水平。

人民军队、公安警察和新疆生产建设兵团犹如"三支利剑"，护佑着新疆的繁荣稳定。习近平指出，必须深刻认识新疆分裂和反分裂斗争的长期性、复杂性、尖锐性，反暴力恐怖斗争一刻也不能放松，必须采取果断措施，坚决把暴力恐怖分子的嚣张气焰打下去。

习近平主席的铁腕作风引起国际舆论广泛关注，路透社多次直接引用习主席的讲话，"平时多流汗，战时才能少流血"；在国内，网友们更是点赞不断——"手段要硬""对待恐怖分子要毫不留情"……

如何治疆，习近平主席已经给出了答案：针对暴力恐怖分子，我们要毫不犹豫地展现"出重手、下重拳"强硬作风；对待人民，我们心中则永远充满"柔情"。一句话，"铁汉"与"柔情"是不可分割的两个方面。

巍巍昆仑，大美新疆。"习大大，新疆欢迎您再来！"

2014 年 5 月 3 日

# 新媒体拉近领导人与网民距离

2014 年 8 月 19 日，中央全面深化改革领导小组第四次会议在北京召开。会议一大亮点在于习近平总书记积极"定调"新媒体，更特别强调，要真枪真刀推进改革，推动新媒体发展。

实际上，进入新媒体时代，发生积极变化的不仅在于媒体生态的多样化、立体化等领域性、专业性变化，还在于新媒体的发展直接带来了领导人与民众之间的"新互动"模式，这一以高度扁平、真诚互动为特征的模式，不仅实现了党的群众路线在网络空间的生根发芽，还在领导人与普通民众之间注入了源源不断的正能量。可以说，这一"新互动"不仅成功在沟通方式的高度扁平，更可贵于凸显了"心互动"，直接打开了领导人与普通民众间心与心交流渠道。

新媒体的快速发展推动了普通民众的政治表达，拉近了领导人与普通民众间的心理距离。在上任之初，习近平总书记就把实现中华民族伟大复兴的"中国梦"这一理想信念传递给了每一个普通中国人。而接下来，随着单独二孩、废除劳教、公车改革、户籍改革、简政放权等一系列改革成绩单的落到实处，民众可感的改革成果在新媒体平台上成功唤起了广大网民对习近平的热捧：由普通打工者创建、专门关注习近平一言一行的微博账号"学习粉丝团"，在不到 2 年时间里，获得上百万粉丝，网民在微博里互动交流、分享一个又一个改革举措的欣喜与期待。在新兴的微信平台里，出现了以"学习小组"为代表的专门探讨分享习近平治国理念的群组。在微博、微信等产品为代表的新媒体平台上，已经形成了一种积极向上、极富活力的新兴舆论场。这一舆论场让每一个关心中国前途命运和改革事业的中国人获得了前所未有的开放而灵活的自我表达的巨大空间。可以说，新媒体的发展促使领导人与普通民众的互动从传统的考察探访丰富为常态化、近距离的互动。

从专门提及马来西亚歌手梁静茹，到谈及春晚节目《时间都去哪儿了》等细节，我们看到，习近平也积极用网民们喜闻乐见且接地气的方式主动地展开了与网民的常态化互动。可以说，一方面，网民在新媒体中通过对共同话题的探讨，增进了对国家大政方针的理解与支持；另一方面，通过对领导人日常活动的关注，领导人与民众间的距离被显著拉近，以往遥不可及的领导人在新媒体的帮助下，让普通民众感受到了仿佛邻家长辈一般的亲昵与温暖。可以说，习近平的治国方略与人格魅力，经由生机盎然无处不在的新媒体的放大，网民们对习近平的喜爱之情正在开创中国领寻人的先河。当前民众对习近平的爱戴与期望可以毫不夸张地类比当年的"小平，你好！"

新媒体的快速发展促进了社会正能量的整合，为中国梦的早日实现形成了巨大合力。普通民众在新媒体环境下，对中央决策的及时反馈与交相呼应，已经成为一种常态，一种源源不断注入中国改革列车的正能量。新媒体的快速发展在营造全新舆论环境的同时，为推动中国社会全方位发展提供了前所未有的众多机遇。

新媒体在自身不断推陈出新的同时，也为当前中国改革不断深化和社会发展进步带来了新的契机和机遇。正是由于新媒体的出现，上下交流情感、互通有无的"新互动"开始焕发出前所未有的活力。人们既感受到了习近平铁腕反腐的"硬汉形象"，也体会到习近平如沐春风般"邻家长辈"的亲切。普通民众在新媒体上对中央、对领导人发自内心的支持，正汇成一股股暖流，涌入当前全国上下共筑中国梦的洪流之中。

新媒体的独特优势为领导人与普通民众的互动提供了前所未有的可能。环顾世界，各国领导层在新媒体空间与普通民众的互动多有亮点。在这一大变革大发展的时代，中国与时俱进地抓住了这一契机。

在这一历史机遇下，只有勇于占领新媒体高地，敢于在新媒体平台发声，勤于在新媒体平台开展互动，才能够牢牢抓住新媒体舆论场上的话语权和主导权，让新媒体平台为我所用、为我用好。新媒体的发展，既是机遇，也是挑战。党和国家的开放态度与积极引导已然昭示，新媒体必将为中国政治生态发展发挥越来越重要的作用。

2014 年 8 月 22 日

# 中国土壤长出的政治制度最可靠

对于一个国家来说，什么样的政治制度才是有生命力的？这不仅是一个重要理论课题，也是一个重大实践命题。

世界上不少政治学者都在给一些国家的政治制度开药方，不少国家也因此而尝试引入全新的政治制度模式。然而，一些国家在引入西方民主制度后，却被实践证明进入了"民主陷阱"，经济出现停滞、社会出现动荡甚至政治危机。这些西式政治制度普遍性地水土不服，这些国家用教训证明了政治制度"橘生淮南则为橘，生于淮北则为枳"的道理。

9月5日，在庆祝全国人民代表大会成立60周年大会上，习近平总书记纵论中国政治制度，引起广泛关注和反响。"只有扎根本国土壤、汲取充沛养分的制度，才最可靠、也最管用。""中国特色社会主义政治制度之所以行得通、有生命力、有效率，就是因为它是从中国的社会土壤中生长起来的。"这些重要论断，不仅深刻回答了政治制度发展的理论问题，也科学把握了中国政治制度的历史与现实，对中国政治制度的完善与发展方向保持了战略清醒。

去年3月，习近平在莫斯科发表演讲说：鞋子合不合脚，自己穿着才知道。一个国家的发展道路合不合适，只有这个国家的人民才最有发言权。对于中国来说，这样的结论乃是源于深刻的历史教训和无数先贤的上下求索。对于中国人来说，历尽艰辛、付出代价后的认知更是刻骨铭心。

自鸦片战争后，中国滑入苦难深重之地，寻找适合自己的道路是无数先贤的夙愿。进入 20 世纪，中国尝试过君主立宪制、帝制复辟、议会制、多党制、总统制等各种形式，但最终都被证明行不通。在中国共产党作为一种全新社会力量登上历史舞台后，才带领人民最终找到了适合自己的道路、制度。这也就是为什么习近平同志在讲话中如此强调：在中国实行人民代表大会制度，是深刻总结近代以后中国政治生活惨痛教训得出的基本结论，是中国社会 100 多年激越变革、激荡发展的历史结果。

事实上，从始终高举人民民主的旗帜，到保证人民当家作主，中国共产党在实践中始终履行自己对人民的承诺、坚持人民的制度选择。从确立人民民主专政的国体、人民代表大会制度的政体，到实行中国共产党领导的多党合作和政治协商制度等基本政治制度一系列具有鲜明中国特色的制度安排，都是在实践中摸索出来的，也都是经过实践证明行之有效的，被历史证明是有优势的。比如有效保证人民享有更加广泛、更加充实的权利和自由，集中力量办大事，为经济发展提供制度保障，以及民主集中制原则的务实、有效等等。这些优势，连不少西方学者都评价认为，中国政治制度成为西方民主的一个有力竞争者，为人类政治文明提供了一个有效的范本。

中国特色社会主义政治制度是最适合中国自己的制度，根本原因就在于它是从中国土壤里长出来的。它有什么优点、有什么不足，中国人自己最清楚。如习近平总书记所说："设计和发展国家政治制度，必须注重历史和现实、理论和实践、形式和内容有机统一。要坚持从国情出发、从实际出发，既要把握长期形成的历史传承，又要把握走过的发展道路、积累的政治经验、形成的政治原则，还要把握现实要求、着眼解决现实问题，不能割断历史，不能想象突然就搬来一座政治制度上的'飞来峰'。"在如何评价、如何发展的问题上，妄自菲薄和妄自尊大都是不靠谱的。保持制度自信与改革创新，才是清醒与理性的选择。而在人类政治文明中，不可能只有一种范式，也不可能一成不变。认准自己的理、走好自己的路，中国才能走得稳、走得远。否则就容易犯邯郸学步的毛病，甚至会付出惨重代价。那种老路、邪路，中国人民折腾不起。深深扎根中国社会土壤，中国特色社会主义政治制度才会茁壮成长、推动实现中国梦想。

2014 年 9 月 6 日

# 从历史深处走来的自信

习近平总书记 24 日出席纪念孔子诞辰 2565 周年国际学术研讨会暨国际儒学联合会第五届会员大会并发表重要讲话。党的总书记亲自出席纪念孔子诞辰的学术大会，这在共产党执政历史上前所未有。从去年 11 月参观曲阜孔庙并发表讲话，到今年"五四"到北京大学看望中华孔子学会会长汤一介，习近平总书记这三次特殊的大动作饶有深意，值得认真解读。

今天重提孔子，纪念和讨论孔子，绝不是简单地"尊孔崇儒"，而是时代发展的需要。今天的中国越来越为世人瞩目，中国的道路，中国发展的模式，越来越被人们赞扬着、检验着、挑剔着。中国要建设中国特色社会主义，走自己的发展之路，其文明传承、文化源头是什么？习近平总书记在纪念大会上的讲话明确指出，包括儒家思想在内的中国优秀传统思想文化，体现着中华民族世世代代在生产生活中形成和传承的世界观、人生观、价值观、审美观等，其中最核心的内容已经成为中华民族最基本的文化基因，是中华民族和中国人民在修齐治平、尊时守位、知常达变、开物成务、建功立业过程中逐渐形成的有别于其他民族的独特标识。这样的独特标识在历史深处发光，从遥远的历史走来，其优秀精华是实现中国人自己强国梦想的思想根源之一。

在人类数千年历史中，哲人圣贤灿若繁星。所有那些先辈大师留下的思想，构成人类共同的文化文明财富。不存在哪个文明是"中心"，哪种文化更"优越"的说法。正如习近平总书记所说，不同国家、民族的思想文化各有千秋，只有姹紫嫣红之别，而无高低优劣之分。习近平总书记强调应该维护各国各民族文明多样性，尊重各国各民族文明。同时，他十分看重包括儒家思想在内的中国优秀传统文化中蕴藏着的解决当代人类面临的难题的重要启示。在解决当今世界贫与富，战争与和平，物欲追求与道德精神的重建，人与自然关系的协调等等难题的过程中，中华文明一定能够对人类文明进步作出更多更大的贡献。

对孔子和儒家思想的这样一种理解和认识，毫无疑问是文化自信的重要体现。以往百多年，中国人民在争取国家独立、民族解放的奋斗过程中，苦苦追寻着那些能够指引我们前进的理论思想，也确实从人类已有的思想中学习借鉴了许多。中国人以特有的谦逊，不断学习，不断容纳。今天，我们比以往更加自信。我们的自信在于，在虚心对外学习的基础上，我们正在努力发掘中国优秀传统文化中的丰富哲学思想、人文精神、教化思想、道德理念等。这其中包含着的极大智慧，是取之不尽、用之不竭的巨大宝库。

中华文明是世界上最古老的文明之一，也是世界上持续时间最长的文明，中国作为中华文明的承继者，又是正在迈向现代化强盛目标的世界大国，这个事实本身就说明了中华文化的巨大魅力。一个世界大国强国，既要有硬实力，又要有软实力。而软实力的构建与形成，绝不能是无源之水、无本之木，必须有自成体系的思想根源，有可以延续的民族文化血脉，有深嵌于人民心中的民族文化基因，中国当之无愧具备这样的基因。习近平总书记站在文化大战略的高度，提出坚持古为今用、以古鉴今，善于把弘扬优秀传统文化和发展现实文化有机统一起来、紧密结合起来，在继承中发展，在发展中继承，坚持有鉴别的对待、有扬弃的继承，努力实现传统文化的创造性转化、创新性发展的全新重要观念。这种对待文化传统的科学求实精神，这种从优秀传统文化沃土之中汲取资源，寻找启迪，将优秀传统文化与治国理政融合起来的理念，既是他对中国发展道路的准确把握，也必将赢得国人的强烈共鸣和高度赞同。

作为一个独特的符号，孔子和儒家思想的特殊性不仅在于其学术价值，还在于其在历史上曾经屡遭质疑和批判。因此，在今天重新纪念孔子，重新讨论儒家思想，需要巨大的政治勇气，也充分体现出习近平总书记对传统文化的深刻认识，以及深厚的文化底蕴和醇熟的政治智慧。

2014 年 9 月 25 日

# 在豪迈与清醒中更坚定走好自己的路

　　今天是人民共和国的 65 岁华诞。在昨天的庆祝招待会上，习近平总书记发表了激情洋溢的重要讲话。三千来字的讲话，如同一篇向中华民族伟大复兴的中国梦继续进军的铿锵宣言，引人向上、催人奋进。而讲话所折射出的那一种豪迈与清醒，更是对当下中国所处历史方位的准确把握。

　　正如习近平总书记所指出的，65 年前新中国的成立，使"经历了近代以来 100 多年苦难斗争的中国人民，终于迎来中华民族浴火重生的曙光"。而今天，"一个充满生机的中国，一个充满希望的中国，已经巍然屹立在世界的东方"。这 65 年的天翻地覆，我们不由得不感慨万千。在人民共和国 65 岁生日之际，回首 65 年来我们所走过的曲折而又愈见壮阔的路，回溯 93 年来中国共产党带领人民为缔造人民共和国而浴血奋战的英雄史诗，上溯至 1840 年以来无数仁人志士所念兹在兹的夙愿和梦想，不由得我们不豪迈。

　　65 年弹指一挥间，然而"中国人民在这个时间段内，创造了波澜壮阔、惊天动地的历史"。这个创造就体现在中国道路的开拓，为我们民族的伟大复兴"提供了重要制度保障"，也为"人类社会走向美好未来提供了具有充分说服力的道路和制度选择"；就体现在经济实力、综合国力的跨越，使"中国彻底抛掉了'东亚病夫'的帽子，而且为人类战胜贫困、为发展中国家寻找发展道路提供了成功的实例"；就体现在中国人民秉持中华道统和价值准则，提升了国际地位，维护了世界和平，促进了"世界力量平衡"。面对我们所创造的历史、所为之奋斗的梦想，我们怎能不自豪？怎能不比以往任何时候都更自信、更有底气？

今日之中国，再也不是那个任人欺侮、积贫积弱的旧中国，再也不是那个军阀混战、生灵涂炭的旧社会，同样也早已告别那个刚接手时一穷二白、百废待兴的新中国。今天的中国，不仅经济总量稳居世界第二，人民生活水平稳步提升，国际地位也早已今非昔比。在改革开放 36 年来不懈追梦之旅中，中国已然步入世界舞台中央，已成为世界格局中不可忽视的和平与发展的力量。这就是为什么习近平总书记一连用了三个"65 年来"深刻地概括我们所取得的巨大成就。65 年来的辉煌历史，诚如总书记所感慨的："回首往事，我们更加清晰地感到，中华人民共和国的成立，不仅是中华民族发展史上的一个伟大事件，也是人类发展史上的一个伟大事件。"

这 65 年，是光荣与梦想的铸就与放飞。它前承 1840 年以来的上下求索，后启一个伟大民族的宏阔远景。中国人民仅仅用了 65 年特别是改革开放以来的 36 年，就用自己的勤劳和智慧破解了中国现代化进程中的一系列难题，探索了一条迥异于西方现代化路径的中国道路。如果说中国人民了不起，那么这 65 年的奋斗、实践与创造，就是真正的了不起。这个了不起，也正是我们可以告慰所有为梦想而奋斗、而牺牲的仁人志士、革命先烈、老一辈领导人、一切英雄模范和先进人物："他们信仰的理想正在实现，他们开创的事业正在继续，他们书写的历史必将由我们继续书写下去。"

然而，中国人民倍感豪迈和自信，但决不会自大和自满。我们比以往任何时候都更接近民族复兴的梦想，我们也比以往任何时候都更加清醒、冷静。中国人民深深懂得，"行百里者半九十""逆水行舟用力撑，一篙松劲退千寻"。人民共和国的航船正在破浪前行，但前方的未知海域，还有诸多不确定性，也必定会面临各种艰难险阻。面对可以预见和难以预见的各种艰难险阻，在战略上要藐视，在战术上要重视。习近平总书记在讲话中强调的"八个面向未来"，就是我们战胜各种艰难险阻、铸就人民共和国更大辉煌的战略战术。

我们已经走了65年，距离那个梦想的彼岸还有35年。我们已经取得了骄人的业绩、开拓了成功的道路。只要我们坚定地走好中国道路，办好自己的事情，使任何力量都无法阻挡我们前进的步伐，那么，在人民共和国100周年的那一刻，我们就将站上一个更新更高的起点。

2014年10月1日

# 习近平八个"坚持"确立中国巨轮的新航标

65年磨砺前行，65年春华秋实。

金秋十月，鲜花簇拥，我们伟大的共和国迎来了65岁生日。在65岁华诞前夜，国务院在人民大会堂举行国庆招待会，热烈庆祝中华人民共和国成立65周年。习近平主席发表讲话。纵观新中国历史，这是新世纪以来首次由国家元首在国庆招待会上发表讲话，内涵丰富，意义重大。

习近平主席在回顾共和国65年走过的历程后，展望未来，提出八个"坚持"，舆论认为，习主席讲话为破浪前行的中国航船确立了新航标。这引发舆论热议，网民们纷纷发出"祖国万岁！""中国加油！"之类的点赞。

这八个"坚持"是：坚持同人民在一起；坚持走自己的路；坚持抓好发展这个第一要务；坚持改革创新；坚持走和平发展道路；坚持把中国共产党建设好；坚持谦虚谨慎、戒骄戒躁；坚持高举团结的旗帜。

究其实质，这个八个"坚持"全面总结了中国发展事业的目的、道路、原则、方式方法、对外政策、党建与作风。与以往历年历次国庆招待会讲话相比，更为全面，分量不言而喻。

我们事业的根本目的是什么？习近平提出"以百姓心为心"的新提法，再次强调，"始终把实现好、维护好、发展好最广大人民根本利益作为一切工作的出发点和落脚点，让发展成果更多更公平惠及全体人民"。

习主席心中永远装着百姓。众所周知，习近平曾在陕北插队七年，与老百姓结下不解之缘。自十八大以来，从太行山深处的河北阜平到"瘠苦甲天下"的甘肃定西，从湘西特困农村到沂蒙革命老区，习主席深入老少边穷地区，关心百姓疾苦，关注社会公平。

我们的事业走什么道路？道路决定命运，这是一个大是大非问题。习主席指出："我们自己的路，就是中国特色社会主义道路。"

且不谈中国历史上封建王朝无数次治乱交替，在近代以来百年历程中，无数志士仁人在探索中华民族复兴之道路，但依然走不出积贫积弱、饱受欺凌的怪圈。然而，在短短65年特别是改革开放30多年里，中国的面貌发生了天翻地覆的变化。如此鲜明的历史反差，奥秘何在？答案是我们走出了一条中国特色社会主义道路。

人们记得，十八大后仅十几天，习近平带领中共最高领导层参观"复兴之路"展览现场，引人注目地定义"中国梦"，提出实现梦想的"三个牢记"，其中就包括坚定不移地走中国特色社会主义道路。此后，习近平又在不同场合提出，要不断增强中国特色社会主义的道路自信、理论自信、制度自信。

我们的事业如何发展？习近平主席说："除了深化改革，别无他途。"

人们记得，十八大后，习近平首次离京考察，选择的是我国改革开放中得风气之先的广东，寓意深刻，意味深长。"改革不停顿，开放不止步"——这是习近平在考察过程中铿锵有力的宣示。此后，习近平亲自兼任中央全面深化改革领导小组组长，迄今已主持五次小组会议，对深化各领域的改革进行战略部署。而今，习近平再度强调："我们要适应历史前进的要求，坚定不移全面深化改革，敢于下深水、涉险滩，勇于破藩篱、扫障碍，推动中国始终走在时代前列。"

我们的事业需要什么对外政策？习近平说，我们要始终不渝走和平发展道路，始终不渝奉行互利共赢的开放战略。

去年以来，习近平在外交政策上提出了一系列新理念和新战略，赢得了广泛的国际共鸣。比如，打造"命运共同体"，提出新型安全观，构建新型大国关系，提出"亲、诚、惠、容"的周边外交理念，倡议打造"丝绸之路经济带"和"21世纪海上丝绸之路"，最近有针对性地表示欢迎各国搭乘中国发展的列车。用习近平的话说就是"世界好，中国才好"。

我们的事业办好的关键是什么？那就是中国共产党。在国庆招待会上提出党建问题，这是头一次。

十八大以来，习近平对从严管党治党提出一系列新要求，反"四风"、落实"八项规定"，党风廉政建设和反腐败日益深入人心，习近平提出的"老虎苍蝇一起打"成为流行语。十八大以来，已有50名省部级以上贪腐高官落马。反腐成绩单不断刷新，老百姓对此拍手称快。如今，习近平再现"铁汉"本色，提出：凡是影响党的创造力、凝聚力、战斗力的问题都要全力克服，凡是损害党的先进性和纯洁性的病症都要彻底医治，凡是滋生在党的健康肌体上的毒瘤都要坚决祛除。

我们的事业需要什么样的作风？那就是谦虚谨慎、慎终追远、团结一致。

习近平主席的提醒具有现实针对性。新世纪以来，中国经济连上几个台阶，目前中国经济总量跃居世界第二，也是世界第一大货物贸易国，中国经济增长对世界经济增长的贡献率接近30%，每年有超过1亿人次出境旅游。在此情况下，骄傲自满的情绪在全社会弥漫，一些人头脑有些发热。

其实，中国的经济总量蛋糕再大，一旦面对13亿人这个大分母，在全球范围内仅排在百名左右。此外，发展不平衡问题、贫富差距问题、环境问题依然凸显。正因为如此，习近平此次有针对性提出，

"中国仍处于并将长期处于社会主义初级阶段的基本国情没有变"，"党不能骄傲自满，国家不能骄傲自满，领导层不能骄傲自满，人民不能骄傲自满"。

新航标已确立，信心已爆棚。只要中国这艘巨轮沿着习主席确立的航标破浪前行，中华民族伟大复兴的光辉彼岸就在前头。

2014 年 10 月 2 日

# 担当起为中国梦凝聚力量的崇高使命

　　文化的力量，深深熔铸在民族的生命力、创造力和凝聚力之中。"实现'两个一百年'奋斗目标、实现中华民族伟大复兴的中国梦，文艺的作用不可替代，文艺工作者大有可为。广大文艺工作者要从这样的高度认识文艺的地位和作用，认识自己所担负的历史使命和责任"，习近平总书记在京主持召开文艺工作座谈会并发表重要讲话，强调了文艺对于实现中国梦的重要作用，指明了广大文艺工作者的责任和使命，令人鼓舞，催人奋进。

　　去年底，习近平同志在山东考察时强调："一个国家、一个民族的强盛，总是以文化兴盛为支撑的，中华民族伟大复兴需要以中华文化发展繁荣为条件。"今年3月，习近平主席在联合国教科文组织总部发表演讲时指出："没有文明的继承和发展，没有文化的弘扬和繁荣，就没有中国梦的实现。"习近平总书记在各个重要场合关于文化的论述，既是对中华文化繁荣发展的热切期待，也是对广大文艺工作者的殷切期许。

　　在漫长的历史进程中，中华文明之所以成为世界上唯一从古到今没有中断传承至今的文明，之所以能够在近代以来的历史进程中历尽劫波、经受异质文明剧烈激荡而生生不息，之所以能够在当今世界重回舞台中央坦然接受西方文明的打量和交锋，最根本的原因就在于内蕴深厚的文化创造力深深流淌于中华民族的血脉之中，使中华民族以深厚的文化禀赋与气质敢于战胜一切困难挫折，倔强绽放属于自己的光荣与梦想。

一部可歌可泣的中华民族奋斗史、源远流长的中华文明发展史深刻揭示，中华文化的强劲生命力和创造力，既是中华民族在世界历史进程中的大部分时间里引领人类文明潮头的原因，又是近代以来中华儿女执着于中华民族伟大复兴的根本动力所在，更是中华民族在本世纪中叶实现伟大复兴的先决条件。

不是吗？回望1840年以来无数仁人志士念兹在兹的夙愿和梦想，回望93年来中国共产党作为新生社会力量登上中国历史舞台后开启的"开天辟地的大事变"，回望新中国成立65年来所创造的波澜壮阔、惊天动地的历史，回望当代中国用几十年时间就走完西方发达国家几百年的路而巍然屹立于世界东方的艰辛历程，中国人民所探索、所奋斗、所开创的精神动力，不正是薪火相传的中华文化所赋予的、所内化的吗？抚今追昔，广大文艺工作者更感使命光荣、责任重大。

今天，我们比以往任何时候都更接近民族复兴的梦想，中华文化也呈现出了百花齐放的繁荣状态。但也必须看到，与时代的要求相比，与人民的需要相比，与使命所赋予的重任相比，中华文化还需要更大的绽放、还需要更多的盛开、还需要更好地培育中华民族的精神家园，才能最大限度地凝聚13亿人民的磅礴力量，最大限度地激发无数中华儿女的创造智慧。这就是为什么习近平总书记号召广大文艺工作者要"努力创作更多无愧于时代的优秀作品，弘扬中国精神、凝聚中国力量，鼓舞全国各族人民朝气蓬勃迈向未来"的原因。

"文化上的每一个进步，都是迈向自由的一步"。正如有论者指出的，这是一个可以产生文化精品的时代，也是一个比以往任何时候都更加呼唤文化精品的时代。只要广大文艺工作者肩负责任与使命，亿万人民为了梦想不懈奋斗实践，中华文化就一定能在当代中国绽放新的夺目光芒，也一定能够为中国人民的最伟大梦想添助最强大的精神力量。

2014 年 10 月 15 日

# 为人民放歌文艺才有旺盛生命力

72 年前的 1942 年 5 月，延安文艺座谈会上，"我们的文学艺术都是为人民大众的"，毛泽东同志一篇两万多字的讲话，开启了中华文化的一个新时代。

72 年后，习近平同志在京主持召开文艺工作座谈会，"坚持以人民为中心的创作导向"，文艺创作的价值导向一以贯之。

历史进程表明，自从确立了以人民为中心的文化发展道路后，中国人民的精神面貌焕然一新，中国历史的进步汇聚了巨大精神动力。历史深刻告诫，为人民抒写、为人民放歌，中华民族才能在实现伟大复兴的征程上奏响激昂雄浑的乐章。

正如习近平总书记在纪念毛泽东同志诞辰 120 周年座谈会上的讲话中所说，"中华民族 5000 多年的文明史，中国人民近代以来 170 多年的斗争史，中国共产党 90 多年的奋斗史，中华人民共和国 60 多年的发展史，都是人民书写的历史"，文化只有以人民为中心，为人民抒写、为人民抒情、为人民抒怀，才能顺应历史的规律，切准时代的脉搏，也才能具有旺盛的生命力。离开了人民，文化就成了无源之水、无本之木，就不可能为历史提供前进动力。

应当看到，在文化发展和文艺创作实践中，文化容易陷在个人的杯水风波中，容易沉浸在小众的低唱浅吟中，容易落入冥想玄思的窠臼中。这样的文化作品，其外形或华丽绮迷，其声调或曲婉堪怜，但终究是脱离了人民大众的主调，远离了社会公众的情感，既不能为时代留声，也不能为进步聚能。不能参与到历史与时代的浪潮中，不能表达亿万人民的喜怒哀乐，不能为亿万人民所喜爱，文化的生命力就必然会枯竭。只有与人民的心灵同频共振，只有与人民的情怀同声相应，文化才能成为人民的精神家园，人民也才愿意为这个家园而打理、而守望。这正是习近平总书记所强调的："人民是文艺创作的源头活水，一旦离开人民，文艺就会变成无根的浮萍、无病的呻吟、无魂的躯壳。能不能搞出优秀作品，最根本的决定于是否能为人民抒写、为人民抒情、为人民抒怀。"

文艺并不能自然而然地走进人的内心，起到化人的作用。唯有那些真诚热爱人民的人、将心比心、以心换心的人，他的作品才会有心灵的穿透力，引人民共鸣。"为什么我的眼里常含泪水？因为我对这土地爱得深沉"，有这挚热的爱，才会写得出深沉的作品，才能经得起人民和历史的检验。正因此，习近平总书记对文艺工作者们发出深情的呼唤："始终把人民的冷暖、人民的幸福放在心中，把人民的喜怒哀乐倾注在自己的笔端"；"自觉与人民同呼吸、共命运、心连心，欢乐着人民的欢乐，忧患着人民的忧患，做人民的孺子牛。"

没有文化的支撑，任何一个民族的发展都不会持久；不以人民为中心，任何一个民族的文化都不会兴盛。始终坚持以人民为中心的创作导向，写尽人民的情怀与梦想，中华文化必定迎来大繁荣大发展的新局面，也一定以傲人的姿态在人类文明史上写下新的辉煌。

2014 年 10 月 16 日

# 网络空间清朗离不开正能量助力

文艺座谈会上，习近平总书记平易近人的细节，引起社会各界热烈反响。其中，总书记在讲到互联网文学时，专门停下来问："听说今天来了两位网络作家，是哪两位啊？"座谈会结束时，习近平还走到他们面前，亲切地说："希望你们创作更多具有正能量的作品。"这个感人的场景引起广大网民的热议点赞。

今天的中国，毫无疑问是网络大国。有超过 6 亿的网民，今年上半年人均周上网时长达 25.9 小时。这些都是世界上其他国家所难企及的。这样一个庞大的网络场域，从信息流到价值观，从文化氛围到网民心态，不仅对于当代中国的发展很关键，对涵养网民精神文化生活也十分重要。在这个意义上说，总书记对网络作家的关心，实际上是对网络文化的重视，对网络空间的重视，对互联网发展的重视。

我国的互联网发展，是在技术的突进与网民的热情奔涌中迅速前行的。仅仅在这十几年里，互联网就极大地改变了人们的生活，在线已经成为生活不可分割的一部分。许多人一离开互联网，就仿佛缺少了点什么，就好像自己被挡在了消息之外，成为信息"孤岛"了。有人甚至戏称，很多网民在线的时间，比陪恋人的时间还要长。

然而也要看到，面对喷涌的网民需求市场，互联网上还缺少如现实世界这样的规则和秩序。有的人在网上言论没有边界，怎么赤裸露骨怎么来。有的负面情绪流淌，骂政府、骂社会、骂对手成为一种流行色。有的匿名发帖、造谣、中伤，对公众的权益造成伤害。凡此种种，使网络上的空气比较浑浊，气氛比较压抑，情绪比较负面，思维比较极端，让广大网民深恶痛绝，却又无可奈何。盼望网络空间清朗起来，成为广大网民的共识；期盼网上释放更多正能量，成为善良网友的愿望。

诚然，让网络空间清朗起来，有赖于互联网规则秩序的建构和完善，但向上向善的网络文化氛围的构建，正面、积极、鼓劲的网络舆论的形成，却端赖于正能量的发力。正能量越多，就越能扭转不良倾向，使网络氛围进入良性循环。

在今年 2 月召开的中央网络安全和信息化领导小组第一次会议上，习近平总书记就专门强调要让网络空间清朗起来，强调创新改进网上宣传，运用网络传播规律，弘扬主旋律，激发正能量，大力培育和践行社会主义核心价值观，把握好网上舆论引导的时、度、效。这不仅抓住了网络空间建设的关键，更顺应了社会公众的呼声。

正义的声音不说话，非正义的声音就充斥。清新的、主流的声音不发声，杂音、噪音就会嘈嘈切切。健康、积极、向上的东西不传播，消极、恶俗、下流甚至黄赌毒的东西就会流行。面对网络舆论的"沉默的螺旋"现象，改变的关键力量就在于网民。你改变，网络就会改变。每一个有引导力的网络意见领袖、有号召力的大 V 多传播正能量、多唱正气歌、多唱响主流价值，网络的空间何愁不清朗起来？

在这个意义上说，总书记希望周小平、花千芳们创作更多具有正能量的作品，就是希望广大向上向善的网民们在场发声、共同奏响富有时代特色的中国声音，向世界展示中国网民积极向上向善的大国网民心态和形象。这才是当代中国实际在网上的真实体现，也才是我国作为一个网络大国所应具有的中国气派。

真心期待，广大网民"我手写我心"，用每一个人的努力，共同展示当代中国社会真善美的力量。

2014 年 10 月 20 日

# 让互联网发展成果惠及 13 亿人民

　　首届互联网大会在浙江乌镇召开，国家主席习近平向大会所致贺词中强调，中国正在积极推进网络建设，让互联网发展成果惠及 13 亿中国人民。中国愿意同世界各国携手努力，本着相互尊重、相互信任的原则，深化国际合作，尊重网络主权，维护网络安全，共同构建和平、安全、开放、合作的网络空间，建立多边、民主、透明的国际互联网治理体系。

　　"积极推进网络建设，让互联网发展成果惠及 13 亿中国人民"，习主席这番话明确指出了中国互联网发展战略的关键思路，确定了中国互联网发展的基本内容、重要方向和根本目的。

　　国家网信办主任、首届互联网大会组委会主任鲁炜在开幕式上致辞时，提到了 3 个 "C to C"。第一个 "C to C"，是 Come to China，走入中国，这里是互联网发展的沃土，充满了勃勃生机，希望能给大家带来活力，带来温暖。第二个 "C to C"，是 Come to Consumer，走进用户，中国有 13 亿多人口，6 亿多网民，发展潜力十分巨大，希望大家找到市场、把握商机。第三个 "C to C"，是 Come to Consensus，走向共识，我们要加强沟通，求同存异，建立多边、民主、透明的国际互联网治理体系，共同构建和平、安全、开放、合作的网络空间。这 3 个 "C to C" 生动地概括了互联网与中国、中国互联网与全球互联网的关系，尤其点明了互联网与中国老百姓息息相关的密切联系。

　　回想 20 多年前互联网刚刚进入中国的时候，绝大多数中国人对互联网茫然无知，不清楚互联网能给人们的生活带来什么。短短20余年过去，今天的中国已是公认的网络大国，网民超过6亿，占全球网民总数20%以上；在全球互联网企业10强中，有4家中国企业。就在几天前的"双十一"期间，仅阿里巴巴天猫的全球交易额即达571亿人民币，让全世界为之惊叹。

人们或许还记得阿里巴巴在美国纽约证券交易所上市的情景，在敲钟现场，有几位普通的中国人。他们之中有阿里巴巴的管理者，有程序员，有淘宝网网店店主，还有快递员。这样的人员组成构成了中国互联网产业链的一个缩影，从一个侧面印证了互联网对中国人的深刻影响。人们注意到，仅仅在阿里巴巴一家企业，就有成千上万个小网店活跃于其中。可以想象，在每一家网店背后，都有几个十几个员工，都可能辐射关联着若干生产厂家，都联系着包装、仓储、物流等一整套产业。大量数据表明，电商正在成为新的消费增长点，正在吸纳大量的就业，创造出大量的财富。

互联网对中国老百姓生活的影响，远非电商等行业能囊括。在科研、通讯、交通、航空航天、工农业生产、商业贸易、国防等等几乎所有领域中，互联网发挥着难以想象的作用。远程教育、远程医疗，逐渐消除着城乡差距，让更多人分享现代化成果。新媒体、自媒体的出现，让公众的思想更加开放，表达更加顺畅，让社会监督更加充分。互联网技术的广泛应用，让社会综合治理更加科学合理，效率更高。

如果再有20年，中国的网民必然更是大大增加，中国一定会成为世界最大的互联网市场。互联网的潜力将继续得到开发释放，不断研发出的新技术、新应用将会不断产生新的惊喜，大数据、云计算、物联网以及其他许许多多未知的概念将创造出无数新的奇迹。而这一切发展成果，最终将惠及13亿中国人民。

2014 年 11 月 20 日

# 百年梦圆看今朝

时序更替，寒暑易节。有一个富有梦想色彩的特殊日子值得国人停下脚步、共同铭记：两年前的 11 月 29 日，习近平总书记率领新一届中央政治局常委在国家博物馆参观《复兴之路》展览时，首次为"中国梦"标定了注脚——"实现中华民族伟大复兴，就是中华民族近代以来最伟大的梦想。这个梦想，凝聚了几代中国人的夙愿，体现了中华民族和中国人民的整体利益，是每一个中华儿女的共同期盼。"自那天起的 700 多个日日夜夜里，中国的每一个清晨都凝聚着追求梦想的力量，每一个傍晚都饱含着百年梦圆的希冀。

"以史为鉴，可以知兴替。"只有将中国梦放在中国近代史百年沧桑的坐标系之中，我们才能真正领会到习总书记在新时期提出中国梦的深刻内涵。100 多年前，当心怀强国梦想，企图通过变法维新实现民族自强的谭嗣同喊出"我自横刀向天笑，去留肝胆两昆仑"时，他的内心无疑是痛苦而无奈的——腐朽落后的封建势力自身难保，又何谈实现强国梦？还是 100 多年前，民主革命先行者孙中山同样心怀民族独立、国家富强的梦想，然而先天不足的民族资产阶级始终无法承担起如此艰巨的重大使命。弥留之际仍惦记民族命运的孙中山只能遗憾地留下诸如《建国方略》这样的空想。

"登山不以艰险而止，则必臻于峻岭。"实现民族复兴的中国梦的接力棒最终历史性地传到了中国共产党的手上。共产党人用 93 年艰苦卓绝的斗争和披荆斩棘的建设，让中国一跃成为世界第二大经济体，综合国力空前提高。与此同时，迅速崛起的中国也开始要面对越来越多的挑战与机遇。站在挑战与机遇并存的十字路口，我们将要向何处去？这是一个急迫需要回答的问题。

伟大的事业必然需要伟大的梦想来指引。习总书记在履新之初提出的中国梦，正是适时回应了新时期关于方向的问题。中国梦的提出，让中华巨轮明确了航向，鼓足了动力。

"道虽迩不行不至，事虽小不为不成。"以习近平为代表的中国共产党人没有让中国梦停留于空想，而是在这两年里以"踏石留印、抓铁有痕"的勇气和毅力，一步一个脚印地带领中国人民开始了筑梦之旅。

"中国梦归根到底是人民的梦，必须紧紧依靠人民来实现，必须不断为人民造福。"过去两年，中华大地自上而下的一系列新变化新举措都紧紧围绕着"人民"二字。单独二孩、废除劳教、公车改革、户籍改革、简政放权、财税改革等一系列的改革举措，几乎每个月都能让人眼前为之一亮。在聚焦改革、释放活力的同时，作为筑梦者的中国共产党深知"打铁还需自身硬"的道理，积极开展了群众路线教育实践活动和"老虎苍蝇一起打"的铁腕反腐。群众路线教育实践活动对群众深恶痛绝的"四风"问题进行了系统而全面的涤荡，收到了扎扎实实的效果。而一系列"大老虎"的落马，一批批"小苍蝇"的落网，则让政风为之一新，民心为之一振。

为了保障中国梦能够平稳有序地逐步实现，最近召开的十八届四中全会更是前所未有地标定了法治中国的新方向。这势必将让公平正义的法治之光照耀中国的每一寸土地，让每一个普通中国人都能够自由平等地追求自己的梦想。越来越多的普通民众开始感叹，发展与改革的成果正春风化雨般一点一滴地落实在了自己眼前：去政府部门办事越来越简单便捷了，经商创业的环境越来越开放包容了，日常工作生活越来越有尊严和自信了。

这两年来，通过对党和政府为实现中国梦而作出努力的见证与认可，无论是象牙塔里的青年学生还是写字楼里的上班族，无论是经历丰富的中年人还是饱经沧桑的老年人都开始亲切称呼习总书记——"习大大"。当今中国民众发自内心对领导人的爱戴甚至让不少曾经戴着有色眼镜看中国的外国记者开始发出由衷的赞叹。一个又一个普通中国人的梦想成真开始以事实印证了习总书记的话，"有梦想有机会有奋斗，一切美好的东西都能创造出来"。

"中国梦与世界各国人民的美好梦想都是相通的"。为了让世界大家庭成员与中国一道筑梦、圆梦，习总书记在过去的两年里几乎走遍了五大洲四大洋，在世界各地都留下了中国梦的印记。在亚洲，"一带一路"伟大构想正逐步走向现实，造福邻邦；在非洲，中非延续传统友谊，谱写合作新篇；在欧洲，习近平向欧洲成功展现了中国和平、文明、可爱的"醒狮形象"；在美洲，中国跨洋握手，与美国构建新型大国关系，与拉美发展中国家共话发展蓝图。这两年，中国用"高铁外交""夫人外交""主场外交"等一系列方式让越来越多的国家感受到了中国梦和平、发展、合作、共赢的积极内涵，也让越来越多的国外民众理解、支持中国的和平发展。可以说，从深度斡旋地区热点问题到积极应对埃博拉疫情，中国已经成功地用实际行动让植根于人类命运共同体的中国梦深入人心。

回望古今，放眼世界，世界上少有一个国家有像中国梦这样立足自身，兼济天下的伟大梦想。中国数千年的文明史，"梦想"二字其实始终贯穿其中。从孔子的"天下大同"到张载的"为万世开太平"，再到近代国人救亡图存的"民族独立，国家富强"，都承载了一代又一代中国人追求梦想的渴望。在这个意义上说，今天的中国梦可谓继往开来、承接古今，实现了空间与时间上的空前对接。我们既期望通过自己的努力让自己的人民享受到更好的生活，拥有更富强的国家；还希望通过自己的付出让世界其他国家共享发展红利。这种胸怀，这种担当，理应获得世界的赞许。

　　过去两年的事实已经证明，梦想的力量是无穷的。始于 2012 年 11 月 29 日的"中国梦纪元"已经悄然开启，百年梦圆，还看今朝。我们坚信，在未来追梦、筑梦直到圆梦的日子里，只要继续坚定中国道路、发扬中国精神、凝聚中国力量，实现民族伟大复兴的中国梦就一定会早日实现！

2014 年 11 月 26 日

# 澳门发展验证"一国两制"魅力

"接天莲叶无穷碧，映日荷花别样红。"12月20日，是澳门回归祖国15周年的喜庆日子，今天的濠江已经发生巨大变化，莲花绽放得如此美丽。这是澳门的喜事，也是国家的大事，全国人民为之骄傲，为之自豪。

今天上午，国家主席习近平在庆祝澳门回归祖国15周年大会暨澳门特别行政区第四届政府就职典礼上发表讲话，高度评价澳门回归祖国15年来经济社会发展取得的成就，高度肯定澳门爱国爱澳的社会主流价值观，对巩固和发展好澳门经济社会发展良好局面提出了四点殷切希望。这是一个具有重大意义的时刻，在澳门发展史上，在"一国两制"事业的进程中，都将写下历史的一页。对于澳门的发展，对于"一国两制"的推进，都具有重要的历史意义。

今天的澳门，经济总量是回归前的5倍，人均居民收入大幅提升，经济社会发展呈现巨大活力。"只要坚持全面准确理解和贯彻'一国两制'方针、严格按照基本法办事，坚持集中精力发展经济、改善民生，坚持包容共济、促进爱国爱澳旗帜下的广泛团结，'一国两制'实践就能沿着正确方向走稳、走实、走远，澳门就能拥有更加美好的明天。"习主席的论断，是对澳门15年发展的高度概括，是对澳门未来的殷切期许，更是对"一国两制"强大生命力的充分自信。

为了完成祖国统一大业，邓小平同志创造性地提出了"一国两制"的伟大构想。今天，这一伟大构想不仅成为国家的一项基本国策，更成为香港、澳门的生动实践。事实证明，这个方针坚持得好，香港、澳门就发展得好。反之，就会遇到这样那样的困难。正因此，习主席强调继续推进"一国两制"事业的"三个必须"：必须牢牢把握"一国两制"的根本宗旨，必须坚持依法治港、依法治澳，必须把坚持一国原则和尊重两制差异、维护中央权力和保障特别行政区高度自治权、发挥祖国内地坚强后盾作用和提高港澳自身竞争力有机结合起来。进而强调，"只有这样，才能把路走对了走稳了，否则就会左脚穿着右脚的鞋——错打错处来"。这是从香港、澳门"一国两制"实践中得出的深刻结论，我们应当铭记于心。

毋庸讳言，"一国两制"事业并非一帆风顺，前进的道路上，必然会遇到这样那样的困难和挑战，总还有一些人不甘心看到香港、澳门的繁荣稳定，不甘心看到祖国这个大家庭的和谐稳定、繁荣富强。然而，牢牢坚持"一国两制"是实现香港、澳门长期繁荣稳定的必然要求，是实现中华民族伟大复兴中国梦的重要组成部分，是我们的共同使命。正如习主席所宣示的："无论遇到什么样的困难和挑战，我们对'一国两制'的信心和决心都绝不会动摇，我们推进'一国两制'实践的信心和决心都绝不会动摇！"

继续奋发有为，不断提高特别行政区依法治理能力和水平；继续统筹谋划，积极推动澳门走经济适度多元可持续发展道路；继续筑牢根基，努力促进社会和谐稳定；继续面向未来，加强青少年的教育培养。习主席提出的这四点希望，一如推进澳门繁荣发展的"四维"，为澳门未来发展指明了方向，对于香港如何结合自身实际贯彻"一国两制"也具有重大启示意义。尤其是在加强青少年教育培养上，如何促使他们牢牢把握香港、澳门同祖国紧密相连的命运前程，加深民族自豪感与爱国爱港、爱国爱澳情怀，增强投身"一国两制"事业的责任感与使命感，值得深思笃行。

澳门回归祖国15年来的繁荣稳定表明，在祖国的怀抱中，继续推进"一国两制"事业，澳门这朵祖国的美丽莲花必将绽放得更加绚丽、更加迷人；全体中华儿女都为我们伟大的梦想而奋斗，中华民族伟大复兴的中国梦也必定光荣地绽放、幸福地盛开。中华民族必将迎来一个全新全盛的时代。

2014 年 12 月 20 日

# 习近平心系扶贫体现家国情怀

"小康不小康，关键看老乡。"这是习近平总书记常挂在嘴边的一句话，表明他时刻把农村、农民放在心上。

一直以来，习总书记始终关心扶贫工作，心忧落后贫困地区百姓生产生活，体现了他一心为民的家国情怀。党的十八大以来，从天寒地冻的太行山区，到荒凉偏僻的陇西荒原；从巍峨险峭的大山深处，到透风漏雨的棚户陋室，习总书记多次来到我国最贫困、最落后的地区，察真情、看真贫。新年伊始，习总书记到云南鲁甸地震灾区考察，羊年春节前夕，总书记又来到陕北老区考察，并罕见地将陕甘宁周边市县委领导人集中开会，研讨老区的脱贫致富问题，想尽一切办法推进扶贫工作——这是总书记新年召开的第一个座谈会。

回顾过去，我国扶贫开发事业取得了举世瞩目的成绩，实现 6.6 亿贫困人口脱贫。这被世界银行称之为"迄今人类历史上最快速度的大规模减贫"。但也应该看到，我们面临的扶贫任务依然艰巨。到 2013 年底，我国农村贫困人口仍有 8249 万，尤其是 14 个集中连片特殊困难地区，是最难啃的"硬骨头"。

"中国梦"的实现离不开农村的发展，这是一个不证自明的道理。发展农业、造福农村、富裕农民，始终是 13 亿多人口大国治国安邦的最大命题。正如习总书记指出："我们要实现第一个百年奋斗目标，全面建成小康社会，没有老区的全面小康，没有老区贫困人口脱贫致富，那是不完整的。"

　　始终关心贫困地区的发展、始终关心贫困百姓生活、始终牵系扶贫工作的推进，体现了习总书记的执政理念。十八大以来，习总书记站在全局和战略的高度，着眼于实现"两个一百年"奋斗目标和中华民族伟大复兴的中国梦，深刻阐述了贫困地区脱贫致富奔小康的战略目标、根本任务，提出了许多新观点、新论断、新要求，为欠发达地区与全国同步全面建成小康社会提供了行动指南。2014 年，我国开始将每年 10 月 17 日设立为"扶贫日"，习总书记就首个"扶贫日"作出重要批示，强调"各级党委、政府和领导干部对贫困地区和贫困群众要格外关注、格外关爱"；十八大以来，总书记连续三年在新年伊始离京考察，地点都选在贫困偏远地区，用心良苦。

　　此次在陕甘宁革命老区脱贫致富座谈会上，习总书记上来就"四问"与会市县领导人——"如何适应经济发展新常态、抓好县域经济发展？如何打好扶贫开发攻坚战、加快改善老区老百姓生活……"体现了务实作风和对扶贫工作的深刻思考。会议结束时，习总书记提出的"五点要求"，是对扶贫工作的再次大动员。

　　"精准扶贫"是习总书记提出的新要求，是扶贫工作机制的重大创新。在 2013 年 12 月召开的中央农村工作会议上，习总书记就提出"精准扶贫"。此后他又多次强调，扶贫要"注重精准发力"，"要以更加明确的目标、更加有力的举措、更加有效的行动，深入实施精准扶贫、精准脱贫。"此次延安座谈会，习总书记再次强调："贯彻精准扶贫要求，做到目标明确、任务明确、责任明确、举措明确，把钱真正用到刀刃上，真正发挥拔穷根的作用。""精准扶贫"体现了实事求是的工作作风，具有针对性和可操作性，是指导新时期扶贫工作的重要指针。

　　扶贫不能以牺牲环境为代价，这也是习总书记一再强调的另一个重要原则。贫困地区大都地处偏远，有的生态环境已经非常脆弱，不能为求发展而不顾环境的承受能力。习总书记一再强调，"要把生态环境保护放在更加突出位置，像保护眼睛一样保护生态环境，像对待生命一样对待生态环境。""在生态环境保护上一定要算大账、算长远账、算整体账、算综合账，不能因小失大、顾此失彼、寅吃卯粮、急功近利。"

总书记对扶贫工作从战略到战术，提出了高屋建瓴又明确可行的目标要求，总书记说："扶贫开发要增强紧迫感，真抓实干，不能光喊口号，决不能让困难地区和困难群众掉队"；在延安，习总书记要求"各级党委和政府要增强使命感和责任感，把老区发展和老区人民生活改善时刻放在心上、抓在手上，真抓实干"。对贫困地区群众的关爱、对加快扶贫开发的急切，溢于言表。我们只要雷厉风行"动真格"，落实好总书记的要求，就一定能够打赢扶贫攻坚这场硬仗。

2015 年 2 月 25 日

# 两岸共圆中国梦少不了"九二共识"

"两会时间"第二天，当人大代表、政协委员们开始齐聚北京、共商国是时，习近平总书记怀着对两岸关系的关切与对台湾同胞的关心，专程看望参加政协会议的民革、台盟、台联委员，并参加联组会，听取意见和建议。在随后的讲话中，习近平特别强调了"九二共识"对于两岸和平发展不可替代的作用，一时间引发海内外舆论高度关注、密集解读。

"兄弟虽有小忿，不废雠亲"。习近平在"两会"上专门就两岸关系、"九二共识"发表讲话，体现了一个极为重要的道理："中国梦既是国家、民族的梦，也是包括两岸同胞在内的每个中华儿女的梦，同我们每个人对美好生活的向往紧密相连。"两岸同胞血脉相连、手足情深、命运相连、荣辱与共，只有大陆地区的繁荣发展、中国梦圆，而没有台湾地区的共同繁荣、一起圆梦，这样的中国梦显然是不完整的。只有两岸关系和平发展，祖国和平统一早日实现，中国梦才是经得起历史考验和人民认可的。习近平在"两会"开始之初对"九二共识"作出强调，体现的正是这样的情怀。

近一个时期，两岸关系走上和平发展道路，展现了合作共赢的良好前景。过去一年，两岸贸易额近 2000 亿美元，大陆居民赴台旅游超过 300 万人次；大陆与台湾的两岸事务部门负责人实现互访，建立了两部门常态化的沟通机制；大陆选秀节目持续走红台湾，甚至成为不少台湾青年追梦的新舞台。这几天，大陆"创业榜样"马云携着淘宝在岛内的一路好评在台刮起一股旋风——不仅在台演讲的数千张门票被直接秒杀，还吸引了100多家媒体和各大名校校长参加，两岸交流之深可见一斑。

然而，两岸和平统一的前途虽然光明，前行的道路却不平坦。2014年初，在某些势力的刻意引导甚至怂恿下，台湾爆发了亲痛仇快的"反服贸运动"，使本有利于台湾民众福祉的两岸服贸协议被无限期雪藏。去年底的"九合一"选举中，岛内某些政治势力借机得势，自以为掌权在即。不仅将冻结"台独党纲"的议题继续搁置，其领导人甚至还发出了"只要赢得大选，大陆一定会向自己靠拢"的荒谬言论。面对两岸和平稳定重要基石的"九二共识"，或是模糊处理、或是鸵鸟心态地称其不存在，实在躲不开就混淆视听地极力抹黑大陆，弄得岛内舆论一时间乌烟瘴气、黑白颠倒。面对即将到来的岛内"大选"，关心两岸前途命运的中华儿女无不忧心忡忡。

"登山不以艰险而止，则必臻于峻岭"。正是在两岸关系机遇与挑战并存的背景下，习近平总书记的讲话才显得尤为重要："'九二共识'对两岸建立政治互信、开展对话协商、改善和发展两岸关系，发挥了不可替代的重要作用。如果两岸双方的共同政治基础遭到破坏，两岸互信将不复存在，两岸关系就会重新回到动荡不安的老路上去。"有鉴于习近平此次对"九二共识"清晰而坚定的表态和定位，有舆论将其视作是给仍做着"台独幻梦"、夜郎自大的岛内政治势力划下的一条不容亵渎、不容逾越的红线。那就是，假如岛内分裂势力一意孤行、死心塌地地绑定"台独"，不仅台湾民众不答应，全体中华儿女都不会答应。百年前神州为之恸哭的"甲午割台国殇"在中国醒狮已然雄踞东方的今天，不仅不会重演，也决不允许任何人任何势力在"两岸同属于一个中国"的根本问题上反反复复地耍小聪明、打擦边球。

"雨过天晴云破处，诸般颜色做将来。"处理好两岸关系，不仅要有面对分裂势力的横眉冷对，也要有对台湾人民"甘为孺子牛"的真情。最新民调显示，台湾岛内认同自己是中华民族一分子的受访民众比例依旧高达84.9%。有鉴于此，习近平总书记所指出的"让台湾同胞分享大陆发展机遇，为台湾青年提供施展才华、实现抱负的舞台，让两岸关系和平发展为他们的成长、成才、成功注入新动力、拓展新空间"这一极富人情味、手足情的郑重表态，让人们看到了两岸关系值得期待的未来。

细细品读习近平此次对台讲话，更让人体会到他话语中涌动着的对两岸和平、祖国统一的热切期望与坚定信心。作为维护两岸和平发展定海神针的"九二共识"，无论何时何地都容不得半点动摇和一丝模糊空间。在两岸人民共圆民族复兴的伟大中国梦的征程上，"九二共识"的不可替代应当始终成为海峡两岸的不变共识。

2015 年 3 月 6 日

# 好环境不能只靠等风来

"不能只靠借东风啊！事在人为。"这段幽默的话语出自习近平3月5日上海代表团审议时的讲话。在这机智风趣的背后，实则道出了习近平对环境保护不寻常的关注与决心。两会期间，习近平多次提及环境问题，在凸显了"四个全面"战略布局下环保工作重要性的同时，也预示着在今后一个时期，环保工作的高度和力度将有新的提升。

这几天，各大媒体做的民意调查中，环境问题总是不约而同地排在群众最关心的两会话题前列。人心是最大的政治，正如习近平说的那样："我们不能把加强生态文明建设、加强生态环境保护、提倡绿色低碳生活方式等仅仅作为经济问题。这里面有很大的政治。"从这个角度上看，当前的环境问题着实已经成为足以牵动亿万人心的大问题。

"环境就是民生，青山就是美丽，蓝天也是幸福。"习近平6日在江西代表团的讲话提出了民生视角下的新生态观，大有一语惊醒梦中人的意味。什么是民生？民生不光是吃好穿好住得好，还应当包括能够放心呼吸的空气、能够放心食用的农产品、能够开窗出门就得见的绿水青山。反之，当防尘口罩成了城市居民的出行必备，当农民兄弟赖以灌溉的河流变得污浊有毒，当人民群众要跋涉很远才能看新鲜似的一睹青山绿水的时候，我们的民生建设显然是有不小的缺憾。因此，"环境就是民生，民生好离不开环境好"的生态观，不仅要成为目前两会代表委员们的重要议题，还应当成为全社会尤其是各级地方政府、有关部门今后的重要共识。

从某种程度上说，环境污染问题的产生乃至凸显，是中国经济30多年高速增长带来的甜蜜烦恼之一。客观上，环境问题背后有着相当复杂的成因，比如中国相对落后的产业结构、不甚合理的能源构成、有待完善的环保体制以及庞大的人口基数等等。但这些在人民群众生命健康、幸福生活的民生民情面前，都是无法回避、无法推辞的理由。为了尽快缓解并最终解决环境问题，把环境保护当作民生建设来抓，就必须要像习近平总书记强调的那样，"像保护眼睛一样保护生态环境，像对待生命一样对待生态环境。"

坐而论道，不如起而行之。想让雾霾早日消散、蓝天永驻，就一定少不了事在人为的坚定决心。3月7日，履新不久的环保部长陈吉宁在新闻发布会上也适时而充分地展现了这样的决心：将2015年定为史上最严环保法的实施年，对那些敢于顶风作案、破坏环境的企业提出了"四个不放过"。对于那些兴风作浪、有恃无恐地将"卡着审批吃环保、戴着红顶赚黑钱"公然做成产业链的"红顶中介"，身为中国环保掌门人的陈吉宁也郑重承诺：先从环保部所属环评单位改起，逾期不整改的就撤销环评资格。与此同时，除了环保部自身得令辄行、雷厉风行之外，做好环境治理工作还离不开国家层面、社会层面的合力。着眼长远，我们要以咬定青山不放松的毅力，加快产业结构转型、发展绿色环保的新兴产业，让绿水青山充分发挥经济社会效益。立足当下，我们还要去民之患如除腹心之疾，对破坏生态环境的行为，不能手软，不能下不为例。也正如习近平反复强调、多次叮嘱的那样，用"绿色青山换金山银山"的短视行为不仅应该成为不容留恋的过去时，还必须成为一道任何人、任何企业、任何部门都不能逾越和挑战的生态红线。

毋庸讳言，环境保护、污染治理将是一场持久战、攻坚战。关于雾霾还要让人忍受多久，绿水青山何时才能随处可见的猜想和等待，或许还要持续一段时间。但两会期间，党和国家领导人、政府工作报告、代表委员们对环境问题不回避、不退缩，主动表态、主动承诺的态度和勇气，已经足以让公众相信"好环境要等风来"的日子不会持续太久。习近平"环境就是民生"和"好环境，事在人为"的生态观唱响了两会期间的又一中国好声音。

2015 年 3 月 8 日

# 用劳动实现梦想

"以劳动托起中国梦!""自觉把人生理想、家庭幸福融入国家富强、民族复兴的伟业之中,把个人梦与中国梦紧密联系在一起,把实现党和国家确立的发展目标变成自己的自觉行动"。

在 4 月 28 日举行的 2015 年庆祝"五一"国际劳动节暨表彰全国劳动模范和先进工作者大会上,习近平总书记发表重要讲话,高度崇尚劳模精神、劳动精神,为全体人民以勤劳智慧实现伟大梦想吹响了号角。

人民创造历史,劳动开创未来。回望 1840 年以来中华民族艰辛的追梦旅程,我们之所以能够从站起来到富起来,再到逐步强起来,之所以比历史上任何时候都更加接近中华民族伟大复兴的中国梦,就在于亿万人民始终以劳动创造的智慧和力量去开辟,去奋战,去拼搏,去奉献。今天,站在新的历史起点上,面对"两个一百年"奋斗目标,面对那看得见"桅杆尖头"的伟大梦想,我们仍然要靠劳动,要靠全体劳动者的创造去实现。

用劳动实现梦想,就要凝聚中国信心。正如习近平总书记所说:"我们所处的时代是催人奋进的伟大时代,我们进行的事业是前无古人的伟大事业,我们正在从事的中国特色社会主义事业是全体人民的共同事业。"这个伟大事业已经把我们伟大祖国送上了世界第二大经济体,使我们极大地压缩了迈向现代化的时间。历史雄辩地证明,中国道路走对了。党的十八大以来,党中央提出并形成了"四个全面"

的战略布局，为实现"两个一百年"奋斗目标、实现中华民族伟大复兴的中国梦提供了理论指导和实践指南。坚定道路自信、理论自信、制度自信，协调推进"四个全面"，弘扬劳模精神、劳动精神，我们就没有什么梦想不能实现。

用劳动实现梦想，就要激发创造活力。"中国特色社会主义事业大厦是靠一砖一瓦砌成的，人民的幸福是靠一点一滴创造得来的。"没有劳动创造，一切梦想只是空中楼阁。唯有弘扬劳动精神，释放创造潜能，梦想才会有最坚实的生长。唯有让劳动光荣、创造伟大成为铿锵的时代强音，唯有全社会都尊重劳动、尊重知识、尊重人才、尊重创造，工人阶级和广大劳动群众的创造活力才能最大限度激发出来。

身处这个伟大时代，那个无数仁人志士的梦想将在我们手里变成现实，这是我们这代人的幸运，也是时代赋予我们的神圣使命。以劳动创造去一点一滴地开创，以勤劳实干一步一个脚印地迈进，我们就一定能托起伟大中国梦，更用我们新时代的劳动精神书写中华民族的新的史诗。

2015 年 4 月 29 日

# 两岸一家亲，共筑中国梦

"两岸同胞同根同源、同文同种，历来是命运与共的。""两岸是割舍不断的命运共同体。""中华民族伟大复兴要大家一起来干。"习近平总书记 4 日在会见朱立伦主席率领的中国国民党大陆访问团时的一番深情讲话，击中了全体中国人的心灵琴弦，引起两岸同胞强烈的同频共振。

台湾，是大陆同胞魂牵梦萦的地方。大陆，是台湾同胞的乡愁。两岸自古就有割不断的情缘，就有血浓于水的纽带。无论风雨沧桑，无论岁月流离，两岸都是一家人，都在说着同一种语言，用着同一种文字，有着同一种情怀。这是任何力量都摧不垮的精神长城，也是历经风雨考验的血肉纽带。

"坚持走两岸关系和平发展道路，坚持'九二共识'、反对'台独'的政治基础，坚持开展两岸协商谈判、推进各领域交流合作，坚持为两岸民众谋福祉。"这是两岸同胞的共同意愿，是全体中国人最真切的心声。

携手建设两岸命运共同体，习近平总书记提出了 5 点主张：第一，坚持"九二共识"、反对"台独"是两岸关系和平发展的政治基础，其核心是认同大陆和台湾同属一个中国；第二，深化两岸利益融合，共创两岸互利双赢，增进两岸同胞福祉，是推动两岸关系和平发展的宗旨；第三，两岸交流，归根到底是人与人的交流，最重要的是心灵沟通；第四，国共两党和两岸双方要着眼大局，本着相互尊重的精神，不仅要求同存异，更应努力聚同化异，不断增进政治互信；第五，中华民族伟大复兴要大家一起来干。

这 5 点主张以一个中国为核心价值，以两岸同胞福祉为奋斗诉求，以中华民族伟大复兴为共同依归，明确了两岸关系未来发展的方向和路径。这 5 点主张，凝聚了两岸同胞的最大共识，符合全体中国人民的最大利益，是新形势下两岸携手走向未来、建设命运共同体的行动指引。

两岸一家亲，共筑中国梦。实现中华民族伟大复兴的中国梦，是近代以来包括台湾同胞在内的全体中国人的最大夙愿。今天，我们距离这个梦想如此接近，全体中国人满心欣慰、满怀豪情。要实现这个共同的梦想，我们还要付出艰巨的努力，需要两岸同胞携手并肩，胼手胝足。正因此，两岸关系发展的基石不可动摇，两岸同胞福祉的增进不可懈怠，两岸同胞心灵的沟通不可或缺，国共两党、两岸双方不可不秉持同胞情、同理心。"只要两岸同胞、全世界的中国人团结起来，心往一处想，劲往一处使，实现中华民族伟大复兴必定是指日可待的。"

2015 年 5 月 4 日

# 总书记考察足迹闪耀百姓心

总书记"如约"到延边。7月16日，习近平总书记来到吉林延边考察调研。4个月前，人大代表李景浩邀请总书记到延边去看看。总书记此次到吉林考察，把首站就安排在延边。在这里，他强调"全面小康一个也不能少，哪个少数民族也不能少，大家要过上全面小康的生活"。让人们再一次强烈感受到总书记最深沉的百姓情怀和最深切的民生牵挂。

梳理他就任总书记两年多来的考察足迹，农村和贫困地区是考察的一大重点。从到太行深处河北阜平"看真贫"，到深入自古就有"瘠苦甲天下"之称的甘肃定西偏远山村困难户家送上新春祝福；从在湖南湘西山区为乡亲们脱贫致富鼓劲，到在云南鲁甸地震灾区强调做好扶贫救灾双重任务，总书记深情牵挂贫困地区、困难群众的生产生活生计。

梳理总书记这些考察中的关切，全面小康是他挂怀的一大核心。从在阜平指出"全面建成小康社会，最艰巨最繁重的任务在农村、特别是在贫困地区"，到在海南强调"小康不小康，关键看老乡"，再到在湖南强调"发展是甩掉贫困帽子的总办法"；从在福建指出"决不能让一个苏区老区掉队"，到在云南强调"全面实现小康，一个民族都不能少"，再到在甘肃指出"全面建成小康社会，没有老区的全面小康，没有老区贫困人口脱贫致富，那是不完整的"，总书记念兹在兹的就是13亿人民的、一个也不能掉队的全面小康，深入调查研究的就是攻坚克难的扶贫、脱贫方法。

"以百姓心为心",作为拥有8700多万党员的执政党的总书记,他的一言一行,彰显的是我们这个大党的执政使命与宗旨信念。人民,是党永远的靠山,是战胜一切艰难险阻的力量源泉。正因此,无论时代如何嬗变,无论环境发生怎样改变,服务人民的心永远不能变,"人民对美好生活的向往就是我们的奋斗目标"的追求永远不能变。因而,面对不少乡亲们还生活在贫困之中的严峻现实,各级干部要有如坐针毡的不安感。面对全面小康只有五六年时间的刚性要求,各级干部要有时不我待的紧迫感。进而把这不安感、紧迫感化为埋头苦干实干的坚定行动,执着向前。

2015 年 7 月 17 日

# "人民大勤务员"的生动示范

"党的各级领导干部都是人民的勤务员，中央领导是人民的大勤务员。"7月17日习近平总书记在吉林考察调研与企业职工座谈时说的这句话，让全国民众闻之动容，为之感动。

几天前，习近平总书记刚刚参加完金砖国家领导人第七次会晤和上海合作组织成员国元首理事会两场重要外交活动，从俄罗斯乌法返回北京后，席不暇暖，马不停蹄，就来到吉林考察调研。习近平总书记曾引用韩非子"宰相必起于州部，猛将必发于卒伍"的话，强调真正的人才来自基层，强调各级干部要熟悉基层，了解基层，要"知道国情，知道人民需要什么，在实践中不断积累各方面的经验和专业知识，增强工作能力和才干"，强调"这是做好工作的基本条件"。

之所以强调要深入基层、了解基层，根本的原因在于"党的各级领导干部都是人民的勤务员"。中国历朝历代的"官民关系"是"治"与"被治"的关系，老百姓"见官矮三分"。而中国共产党从历史中认识了"政之所兴在顺民心，政之所废在逆民心"的真理，将全心全意为人民服务作为根本宗旨，成为区别于其他一切政党的根本标志。把执政党与人民的关系摆正了，把紧紧依靠人民群众、坚持群众路线的执政思路确立了，党的各级干部的身份地位、职责任务就明确了，那就是要做好勤务员，踏踏实实地为人民服务。

做好人民的勤务员不是表面上说的几句漂亮话，而是需要让人民群众相信、认可的真心真意真功夫。这次习近平总书记在吉林考察调研，从潮湿的稻田到闷热的车间，他与农民、工人毫无隔膜地亲切交谈；从水稻分蘖情况，到动车组总装的工艺流程，他与一线的劳动者驾轻就熟地沟通。他用自己的一言一行一举一动为各级官员做出了示范，告诉全党，什么是做好工作的"基本条件"、基本本领。

坚持为人民服务的宗旨，摆正勤务员的位置，各级领导干部要牢记"党的各级领导干部都是人民的勤务员"这个要求。这句话蕴含的是承诺，是要求，是由党以往的成功所验证的深刻道理。

2015 年 7 月 18 日

# 纪念，为了激励民族前行

2日上午，中共中央总书记、国家主席、中央军委主席习近平在人民大会堂，向30名抗战老战士老同志、抗战将领、为中国抗战胜利作出贡献的国际友人或其遗属代表颁发纪念章并发表重要讲话。颁发纪念章仪式庄严隆重，场景感人。习近平发表重要讲话强调，一个有希望的民族不能没有英雄，一个有前途的国家不能没有先锋。包括抗战英雄在内的一切民族英雄，都是中华民族的脊梁，他们的事迹和精神都是激励我们前行的强大力量。

这次纪念章的荣获者，绝大多数已是白发苍苍的耄耋老人。当他们步入会场时，坚毅的步履，每一步都印证着他们曾经历过的百战困苦，艰难征程。他们是老兵的代表，是抗战胜利的英雄。他们所代表的，是一支支战功累累的光荣部队，是无数战死沙场马革裹尸的英勇将士，是千百万当年"送郎上战场，送儿打东洋"的父老妻子，是用血肉筑起新的长城的伟大的中国人民。而来自俄罗斯、美国、加拿大以及日本、德国的国际友人同时荣获表彰，意味着中国人民的抗日战争是得道多助的正义事业，中国人民在全世界反法西斯战争中付出的牺牲和作出的巨大贡献，必将为世界人民所铭记。

历史不能被淡忘，更不能被任意涂抹肆意"重构"。当年的抗日战争，国力极其薄弱的中国面对的是最为野蛮残暴的敌人，而中国人民表现出来的是万众一心，同仇敌忾，奋战到底，不畏牺牲的伟大精神。战争，从来都是对一个民族的血性、胸怀、胆略和精神伟力的考验；抗日战争的胜利，重建了民族自尊，赢得了国际尊重，充分证明了"我们中华民族有同自己的敌人血战到底的气概，有在自力更生的基础上光复旧物的决心，有自立于世界民族之林的能力"。

"章有德，序有功"，中华民族历来尊重崇敬对国家对民族作出贡献，立下功勋的英雄们，尊重崇敬战争年代或和平时期在各方面有突出贡献的杰出人士。表彰嘉奖他们，让他们享有荣誉，意味着功德崇高者能够成为社会楷模和道义典范，为全社会树立榜样，激励全社会见贤思齐奋发向上的精神，进一步弘扬民族精神和时代精神，激励全国各族人民努力实现中华民族伟大复兴，并使中国成为维护世界和平的中坚力量。

此时此刻，让我们向抗战老兵们致敬。我们永远感谢他们为国家为民族作出的牺牲和贡献，永远铭记他们的血性和为赢得最终胜利奋斗不息的伟大精神。

2015 年 9 月 2 日

# 弘扬抗战精神　致力民族复兴

今天，在天安门城楼上，习近平总书记发表重要讲话，纪念中国人民抗日战争暨世界反法西斯战争胜利 70 周年，高度评价了这一伟大胜利的重大意义，深刻指出了历史所启示的"正义必胜！和平必胜！人民必胜！"的伟大真理，极大鼓舞了全党全国各族人民的自信心和自豪感，极大激励了亿万人民同心共筑中国梦的壮志与豪情。

回望中国人民经历的长达 14 年艰苦卓绝的斗争，为什么我们能够最终取得这场"近代以来中国抗击外敌入侵的第一次完全胜利"？从根本上说就是，中国人民在这场战争中彻底唤醒了民族精神，凝铸为伟大的抗战精神，凝结成最坚固的精神长城。这种天下兴亡、匹夫有责的爱国情怀，这种视死如归、宁死不屈的民族气节，这种不畏强暴、血战到底的英雄气概，这种百折不挠、坚忍不拔的必胜信念，使一切外敌终将被战胜，使一切艰难困苦都将被克服。

近代以来，中国抗击外来侵略屡战屡败，一个重要原因在于那时的中国一盘散沙，民心凋敝。就在抗战之初，国际舆论也曾认为，中国不论在精神上或物质上都不足以抵御外侮。然而，正是抗日战争，真正唤起了全民族的大觉醒、大团结。中国共产党在中华民族的生死关头，"唤起工农千百万"，倡导形成抗日民族统一战线，成为抗日战争中的中流砥柱。全面侵华战争打响前，日本一份秘密报告曾客观谈到了"不可忽视者"："倘彼时中国的官民能一致合心而抵抗，则帝国之在满势力，行将陷于重围……"历史证明了中国人民众志成城的磅礴力量，日本侵略者也见证中华儿女血战到底的英雄气概。

经由抗日战争，近代以来中国人民的精神史、心灵史发生了伟大转折，中华民族的爱国主义精神焕发了崭新的时代光芒。这就是为什么习近平总书记高度评价这一伟大胜利："开辟了中华民族伟大复兴的光明前景，开启了古老中国凤凰涅槃、浴火重生的新征程。"

70 年前，中华民族史上的空前大团结铸就了战争史上的奇观。70 年后，全国各族人民紧密团结在党中央周围，"弘扬伟大的爱国主义精神，弘扬伟大的抗战精神，万众一心，风雨无阻，向着我们既定的目标继续奋勇前进"，中华民族伟大复兴的中国梦定能实现！

2015 年 9 月 3 日

# 有民族团结才有发展进步

9月24日，国务院新闻办发表《新疆各民族平等团结发展的历史见证》白皮书，对新疆60年来的发展进步进行了系统梳理、作出了全面阐述，是庆祝新疆维吾尔自治区60岁生日的一份厚礼。

60年来，新疆在改革发展、民族团结、社会进步、民生改善、边防巩固诸方面都取得历史性成就，经济实力、人民生活水平和各项权益今非昔比。白皮书按实行民族区域自治制度、坚持各民族平等团结、不断夯实发展基础、改善民生造福各族人民等九个部分进行了生动而翔实的总结概括。历史是最好的老师，新疆的发展进步里贯穿一个鲜明的内在逻辑：民族团结是发展进步的基石。新疆60年的发展实践充分证明，没有团结稳定什么事也干不成，有民族团结才有发展进步，把民族团结紧紧抓在手里，各民族共同繁荣发展才会有最有力的支撑。

正如习近平总书记所指出的："新疆的问题最长远的还是民族团结问题""民族团结是我国各族人民的生命线。做好民族工作，最关键的是搞好民族团结，最管用的是争取人心。"要实现新疆社会稳定和长治久安，就务必加强民族团结，筑牢各族人民共同维护祖国统一、维护民族团结、维护社会稳定的钢铁长城。从根本上说，各民族只有牢固树立国家意识、公民意识、中华民族共同体意识，增强对伟大祖国的认同、对中华民族的认同、对中华文化的认同、对中国特色社会主义道路的认同，民族团结之花才会不断结出硕果。

　　白皮书通过 60 年的历史见证表明，发展和稳定密不可分，必须围绕稳定谋发展，通过发展促稳定。推动新疆更好更快发展，必须着眼社会稳定和长治久安这个总目标，必须把发展落实到改善民生上、落实到惠及当地上、落实到增进团结上，让各族群众切身感受到党的关怀和祖国大家庭的温暖。只有把人心和力量都凝聚到同全国人民一道实现中国梦上来，新疆才会有更美好的未来。

　　60 年一甲子，新疆书写了各民族平等团结发展的历史篇章。在新的征程上，牢牢把握各民族共同团结奋斗、共同繁荣发展的主题，坚持依法治疆、团结稳疆、长期建疆，促进各民族和睦相处、和衷共济、和谐发展，团结和谐、繁荣富裕的新疆必然更加生机勃勃。

2015 年 9 月 26 日

# 56个民族是一个命运共同体

"中华民族一家亲，同心共筑中国梦，这是全体中华儿女的共同心愿，也是全国各族人民的共同目标。""我国56个民族都是中华民族大家庭的平等一员，共同构成了你中有我、我中有你、谁也离不开谁的中华民族命运共同体。"

国庆佳节前夕，习近平总书记特别邀请来自内蒙古、广西、西藏、宁夏、新疆5个自治区的13名基层民族团结优秀代表来到北京参加国庆活动，9月30日下午在人民大会堂亲切会见他们，并通过他们向全国56个民族的同胞致以节日问候和良好祝愿，同时发表了饱含深情的讲话。这一生动感人的场景和深刻动人的讲话，真切而充分地表明，国家始终把56个民族同胞放在心上，把民族大团结的旗帜高高举起，把各民族人民的利益和梦想作为奋斗目标。

正如总书记所深情回忆的："各民族多元一体，是老祖宗留给我们的一笔重要财富，也是我们国家的重要优势。"我国是统一的多民族国家，千百年来，各民族在这片神奇的土地上生息繁衍、交流交融，中华文化的力量深深熔铸在各民族的生命力、创造力、凝聚力之中，使各民族凝结为心心相印、密不可分的命运共同体。特别是近代以来，在共同抵御外侮、争取民族独立和人民自由幸福的历史进程中，56个民族团结一心、众志成城，结成一道新的长城，呈现出"你中有我、我中有你、谁也离不开谁"的顽强而勃发的生命状态。总书记所说的财富和优势，其根本正在于这种民族团结的无穷伟力。

民族团结是发展进步的基石，是各族人民的生命线。这是中华民族发展史的一条基本结论。历史充分表明，四分五裂、一盘散沙，中华民族就会任人欺凌、蹂躏与宰割；同心共济、团结一心，中华民族就顽强不屈、坚不可摧。今天，中华民族正站在新的历史起点上，正在进行具有许多新的历史特点的伟大斗争，正朝着中华民族伟大复兴的中国梦向前，面临的时和势总体有利，但面临的艰和险在增多。光荣的使命、艰苦的任务告诉我们，中华民族这个命运共同体必须更加牢不可破，才能战胜前进道路上的艰难险阻，才能立于不败之地，才能从容自信地抵达梦想的彼岸。

中华民族是一个大家庭，56个民族一家亲。亲人之间，同胞之间，要讲求将心比心、以心换心，讲求手足相亲、守望相助。正如习近平总书记曾经指出的："加强中华民族大团结，长远和根本的是增强文化认同，建设各民族共有精神家园，积极培养中华民族共同体意识。"在新的征程上，增强各族群众对伟大祖国、中华民族、中华文化、中国共产党、中国特色社会主义的认同，让中华文化成为各民族人民的精神纽带，中华民族这个命运共同体就会释放出无穷的生命伟力。

2015年10月1日

# 中国梦是各民族自己的梦

"实现中华民族伟大复兴的中国梦是各民族大家的梦，也是我们各民族自己的梦。中国共产党就是团结和带领各族人民向着中华民族伟大复兴、向着人民更加美好的生活。"9月30日下午，习近平总书记在会见13名基层民族团结优秀代表时，从中华民族的历史与现实出发，着眼各民族的利益和梦想，对中国梦作出了新的阐释，道出了全体中华儿女的共同心声，指明了56个民族共同团结奋斗的切身利益所在。

从1840年鸦片战争之后，身处沉沦之中的中华民族，就有一个伟大而执着的梦想——实现中华民族伟大复兴。这个伟大的中国梦，是各民族人民的根本利益所在。近代以来中国人民的抗争奋斗史表明，"覆巢之下，焉有完卵"，只有国家强盛、民族复兴，各民族人民才会在同一片蓝天下幸福地栖居。今天，各族人民的生活发生天翻地覆的改变，精神风貌发生历史性变化，生动印证"国家好民族好，大家才会好"的深刻道理。

中国梦从来就不是自外于人民的梦，而是与人民的利益和梦想紧紧相连、密切相通。实现中国梦的过程，就是实现人民利益的过程，就是让人民过上更好日子的过程。"人民对美好生活的向往，就是我们的奋斗目标"，在新的历史起点上，我们党一如既往、坚定不移地为人民的梦想而奋斗。习近平总书记多次强调：全面建成小康社会，"一个民族都不能少""不能让一个少数民族掉队"。中央制定了一系列政策举措加强科学扶贫、精准扶贫，加快民族地区发展。这样的坚定宣示和务实行动深刻表明的，是"中国梦是各民族大家的梦"的现实逻辑，是党为人民谋福祉的使命和责任担当。

为中国梦奋斗就是为各民族自己的梦想而奋斗，这是历史昭示的结论，也是开启未来、追逐梦想的必然。一方面，凝聚人心是党奋斗的基本价值，必须紧紧围绕改善民生、争取人心来推动经济发展，要让发展落实到改善民生上、落实到惠及当地上、落实到增进团结上，让各族群众切身感受到党的关怀和祖国大家庭的温暖。另一方面，同心共济是各民族追梦的根本前提，56个民族必须心往一处想、劲朝一块使，共同把人心和力量凝聚到实现"两个一百年"奋斗目标、实现中华民族伟大复兴的中国梦上来。只有这样，才能汇聚起13亿人民的磅礴力量，让中国梦更快更好照进现实，让各民族在实现中国梦的进程中圆好自己的梦。

前不久，维吾尔族艾尼瓦尔姐妹用两个月时间一针一线绣出"同心共筑中国梦"的十字绣匾，表达新疆各族人民对总书记的爱戴和对实现中国梦的心愿和决心，从一个侧面生动呈现56个民族为实现中国梦而共同奋斗的情怀和心声。有这样追梦的心声和情怀，有这样筑梦的智慧和力量，就没有什么困难不能战胜。

2015 年 10 月 2 日

# 担起当代中国文艺的历史使命

"没有中华文化繁荣兴盛，就没有中华民族伟大复兴""实现'两个一百年'奋斗目标、实现中华民族伟大复兴的中国梦是长期而艰巨的伟大事业。伟大事业需要伟大精神。实现这个伟大事业，文艺的作用不可替代，文艺工作者大有可为。"

10月14日，正值习近平总书记在文艺工作座谈会发表重要讲话一周年之际，讲话全文首次公开发布。这篇长达万余言的讲话，高屋建瓴，思想深刻，视野深邃，内涵丰富，语言锤炼，是一篇马克思主义文艺观的纲领性文献，是指引当代中国文艺发展方向的根本遵循。一年来，讲话精神对我国文艺发展提供了有力指引，文艺事业正呈现出欣欣向荣的新气象、好局面。现在，这一重要讲话的首次全文发布，有利于全国广大文艺工作者深刻领会、认真把握讲话精神实质，更好肩负起当代中国文艺的崇高使命和神圣职责。

正如讲话所指出的，文化是民族生存和发展的重要力量。在几千年的历史流变中，中华民族遇到了无数艰难困苦，但我们都挺过来、走过来了，其中一个很重要的原因就是"世世代代的中华儿女培育和发展了独具特色、博大精深的中华文化，为中华民族克服困难、生生不息提供了强大精神支撑"。同时，"中华文化既坚守本根又不断与时俱进，使中华民族保持了坚定的民族自信和强大的修复能力，培育了共同的情感和价值、共同的理想和精神。"而在这浩浩荡荡、博大精深的中华文化中，文艺则是民族精神的火炬，时代前进的号角，最能代表一个时代的风貌，最能引领一个时代的风气。

习近平总书记在讲话中开宗明义地指明了文艺的作用：实现中华民族伟大复兴的目标，"必须高度重视和充分发挥文艺和文艺工作者的重要作用"。原因就在于，文艺事业繁荣发展不仅是中华民族伟大复兴的重要内容，更是激发同心共筑中国梦磅礴力量的重要源泉。这种磅礴力量，非文艺作品的春风化雨、润物无声而难以抵达人心、充分激发。今年9月11日，习近平总书记主持召开中央政治局会议审议通过《关于繁荣发展社会主义文艺的意见》，会议即进一步明确"举精神旗帜、立精神支柱、建精神家园，是当代中国文艺的崇高使命。弘扬中国精神、传播中国价值、凝聚中国力量，是文艺工作者的神圣职责"。

担起这个使命和职责，最关键最根本的就是要用作品说话。习近平总书记在讲话中谈到的一个重心，就是"创作无愧于时代的优秀作品"。讲话在肯定我们产生了大量脍炙人口的优秀作品的同时，指出文艺创作方面存在着有数量缺质量、有"高原"缺"高峰"的现象，存在着抄袭模仿、千篇一律的问题，存在着机械化生产、快餐式消费的问题，等等，可谓一针见血，入木三分。这些问题，从根本上说就是缺少了人民这个中心，缺少了中国精神这个灵魂。解决这些问题，就是要"坚持以人民为中心的创作导向"，诚如习近平总书记所言"能不能搞出优秀作品，最根本的决定于是否能为人民抒写、为人民抒情、为人民抒怀"；就是要贯注中国精神这个社会主义文艺的灵魂，使文艺作品"像蓝天上的阳光、春季里的清风一样，能够启迪思想、温润心灵、陶冶人生，能够扫除颓废萎靡之风"。

文化的力量，深深熔铸在一个民族的生命力、创造力和凝聚力之中。广大文艺工作者自觉担起使命和责任，创造更多有筋骨、有道德、有温度的文艺作品，它发散的价值引导力、文化凝聚力、精神推动力，人民一定能够感受得到。

2015 年 10 月 15 日

# 习马会在万众期待中翻开历史性一页

世人瞩目、万众期待的"习马会"在今日成为现实。习近平、马英九面带微笑，缓步走向会见厅中央，双手紧握长达一分半钟。这是一个历史性时刻，两岸同胞等待了整整 66 年。这一刻，在中华民族历史上具有里程碑的意义，在两岸关系和平发展的历史上翻开了崭新一页。

历史的发展进程中，往往会出现决定前途命运的重大契机。而这个契机，要靠有智慧有魄力的领导者果断而勇敢地迈出一步才能抓住。11 月 4 日，国台办宣布，经两岸有关方面协商，两岸领导人习近平、马英九将于 11 月 7 日在新加坡会面，就推进两岸关系和平发展交换意见。消息一经披露，立即在海峡两岸引起强烈反响，也引起国际社会高度关注。

众所周知，1949 年以来，两岸关系历经风雨，跌宕起伏。从激烈军事冲突，到长期尖锐政治对峙，直到 20 世纪 80 年代末才打破相互隔绝的坚冰。从 20 世纪 90 年代实现"汪辜会谈"，到新世纪连战先生破冰之旅，再到今年 5 月习近平会见朱立伦，两岸在坚持"九二共识"反对"台独"的政治基础上，增加了共识，增进了了解。两岸各方面交流往来，也达到前所未有的水平。从这个意义上说，今日两岸领导人的历史性会面，瓜熟蒂落、水到渠成。

两岸领导人的历史性会面，合乎潮流，顺乎民意。几天来，台海两岸的同胞无不对即将成为现实的"习马会"给予了热忱的期待；

国际社会也纷纷表态，支持两岸和平发展的举措。大家看到，尽管维护两岸和平发展的道路并不平坦，但过去7年多，两岸关系的发展还是取得丰硕成果。两会协商签署了23项协议，解决了关乎两岸同胞切身利益的一系列问题。两岸经济合作持续深化，实现全面直接双向"三通"，给两岸同胞带来了许多实实在在的好处。两岸各领域交流蓬勃发展，密切了两岸同胞感情。两岸协商处理有关涉外事务，减少了内耗。这些都表明，两岸交流合作，人民受益无穷。如习近平所说："我们是打断骨头连着筋的同胞兄弟。"两岸同胞同是华夏子孙，情重于山，血浓于水，没有理由不携起手来，共创美好未来。

"形势比人强"。今日的"习马会"就当前和今后一个时期两岸发展交换意见，其重要意义在于，进一步坚持"九二共识"，巩固共同政治基础，坚持走和平发展道路，保持两岸和平发展正确方向。当前两岸关系再度处于重要节点，面临向何处去的问题。两岸同胞期望台海保持和平稳定，两岸关系继续和平发展并结出更多惠民硕果。两岸领导人的历史性会面，一定会进一步促进两岸和平发展，深化两岸交流合作，增进两岸同胞福祉，共谋中华民族伟大复兴，让两岸同胞共享民族复兴的伟大荣耀。

多少年后，人们仍会记住2015年11月7日这一天。"习马会"时间虽短，但浓缩了人们的历史沉思，反映了深刻的历史变革，升华了两岸同胞的深厚感情，必将在中华民族伟大复兴的历史上书写一页崭新的篇章。

2015年11月7日

# 习近平四点意见是两岸人心所向未来所循

朋友圈在刷屏，网友在热议，国内外舆论在高度关注。"历史性突破""载入史册""带入了新局面"成为传播热词。这是两岸领导人习近平、马英九在新加坡会面以来的舆论效应。其中，习近平主席提出的四点意见成为人们关切议论的核心议题。

第一，坚持两岸共同政治基础不动摇；第二，坚持巩固深化两岸关系和平发展；第三，坚持为两岸同胞多谋福祉；第四，坚持同心实现中华民族伟大复兴。这四点意见，着眼于中华民族的长远利益和根本利益，深刻把握两岸关系的历史大势，深刻把握两岸人民的脉搏愿景，深刻把握两岸未来的发展方向，是求取两岸人民幸福和美好未来的"最大公约数"，是两岸人民的人心所向，是两岸关系的未来所循。

66 年来，虽曾台海阴云，虽有海峡波涛，亦阻隔不了两岸同胞血浓于水的情缘。从根本上说，就在于两岸同属一个国家、两岸同胞同属一个民族。这正是"九二共识"的根本价值所在，也是两岸民意的基本价值共识。有了一个中国原则这个"定盘星"，两岸关系的发展就有了坚实的基础。

两岸关系的历史与现实充分证明，和平发展是主题，为两岸同胞谋福祉是根本，这是两岸同胞的共同心声。"两岸一家亲，家和万事兴"。两岸关系的更好未来，唯以和平为价值引领，走和平发展之路，谋互利双赢之道，坚持求同存异、聚同化异；唯以两岸同胞福祉为念，不断增进同胞的亲情和福祉，维护中华民族整体利益，方能开拓更新更广更深的空间。"只要是有利于增进两岸同胞亲情和福祉的事,只要是有利于推动两岸关系和平发展的事,只要是有利于维护中华民族整体利益的事,两岸双方都应该尽最大努力去做,并把好事办好",习主席的这"三个只要",道出了两岸同胞的内心期待。

中华民族5000多年灿烂文明烛照世界,近代以后却在列强欺凌下进入沉沦悲惨之境,这是两岸同胞、海内外中华儿女的共同伤痛。实现中华民族伟大复兴,则是自鸦片战争以来无数先贤先辈先烈的坚定夙愿,是所有中华民族子孙的共同心愿。这是两岸的共同目标所在。只要两岸同心共济、携手同行,向着这个目标奋进,中华民族的伟大复兴就不可阻挡。

"我们今天坐在一起,是为了让历史悲剧不再重演,让两岸关系和平发展成果不得而复失,让两岸同胞继续开创和平安宁的生活,让我们的子孙后代共享美好的未来。"习主席一语道出了两岸领导人会面的实质。本着这样的心愿,坚持"四点意见",两岸关系便会继续翻开历史性新篇,开辟更新空间,赢得更美未来。

**2015 年 11 月 7 日**

# 扶贫是习近平花费精力最多的事

11 月 23 日，习近平总书记主持中共中央政治局会议，审议通过《关于打赢脱贫攻坚战的决定》。会议指出，扶贫开发事关全面建成小康社会，事关增进人民福祉，事关巩固党的执政基础，事关国家长治久安。政治局会议的战略部署，将促使全国上下努力拔"贫根"、开富源，让神州每一个角落的乡亲们都共享人生出彩之机会，让所有人的幸福都深深镌刻在民族复兴的里程碑上。

此前，媒体大量报道了习近平同志帮助福建少数民族群众脱贫致富纪事。人们牢记着习近平总书记常说的：小康不小康，关键看老乡。全面小康是全体中国人民的小康，不能出现有人掉队。此次政治局会议提出的方略，既是扶贫理念一脉相承的逻辑延续，也是对扶贫方针的进一步明确。

"善为国者，遇民如父母之爱子，兄之爱弟，闻其饥寒为之哀，见其劳苦为之悲。"从念念不忘的"梁家河情怀"到摆脱贫困的"宁德感悟"，再到党的十八大以来看真贫、扶真贫、真扶贫，扶贫是习近平总书记念念不忘的一大主题。用习总书记自己的话说，40 多年来，自己花费精力最多的事，就是扶贫。

人们记得，当选总书记后不久，习近平就顶风踏雪来到太行山深处的河北省阜平县骆驼湾村看望慰问困难群众。近 3 年来，习总书记去了十几个贫困地区考察扶贫。人们记得，今年习总书记 6 次国内考察，有 3 次主要涉及扶贫，2 次主持召开扶贫主题的座谈会。在贵州，习总书记亲自带领 4 位政治局委员、7 个省区市的书记深入贫困村、贫困户搞调研，其规格、形式、影响在我国扶贫的历史上从未有过。

此次政治局会议提出的举全党全社会之力，坚决打赢脱贫攻坚战；实行社保政策兜底脱贫；实行最严格的考核督察问责，确保中央制定的脱贫攻坚政策尽快落地等目标和措施，目标空前，力度空前。这是一个超越千年乡村梦想的历史性决策，是我国实现全面小康的大战略，是全球扶贫事业的大手笔。吹响了扶贫"最后一公里"的攻坚总号角。这一切之中，贯穿着习近平总书记为全体人民谋幸福的不变情怀与责任担当。

2015 年 11 月 25 日

# 彻底脱贫目标显情怀更显胆识

"脱贫攻坚已经到了啃硬骨头、攻坚拔寨的冲刺阶段，必须以更大的决心、更明确的思路、更精准的举措、超常规的力度，众志成城实现脱贫攻坚目标"，习近平总书记在中央扶贫开发工作会议上的重要讲话，下达了中国脱贫攻坚战的动员令。

没有任何人怀疑，让7000多万人彻底告别贫困是一项无比艰巨的任务。7000多万人相当于一个中型国家的人口，世界各国的经验证明，贫困人口的数量与解决贫困问题的难度不是简单对等的关系。贫困人口数量的庞大，意味着脱贫工作所需要投入的人财物力成倍增加，工作的复杂性、艰巨性成倍放大。同样需要面对的事实，是中国的贫困问题存续数千年，积贫甚久。尽管多年来党带领人民持续向贫困宣战，7亿多农村贫困人口成功脱贫，中国的扶贫开发成果举世瞩目。但我国目前仍有7000多万农村贫困人口，脱贫攻坚形势依然严峻，扶贫工作仍存在一些突出问题，当前脱贫开发面临的是难啃的"硬骨头"，是让人棘手的"老大难"。

在短短几年时间内解决数以千万计规模的脱贫难题，人类历史上无先例可循，其他国家没有相似的经验，现有西方经济学工具箱中根本找不到适当的办法。敢于直面这样的难题，敢于以超常规的力度提出彻底消除贫困的目标，充分显示了以习近平为总书记的党中央的极大魄力和坚强决心。

"沧海横流，方显英雄本色"。彻底消除贫困，需要顶层设计。

顶层设计的高明，源自于中国共产党始终将让全体人民共同富裕作为执政的崇高使命；源自于习近平总书记始终把消除贫困放到治国理政的高度，不仅视其为重大的经济问题，更视其为直接关系人民福祉、国家长治久安的重大政治问题。源自于总书记对所有没有摆脱贫困的老百姓，夙兴夜寐，时时牵挂在心。他多次深入贫困地区调研，深思熟虑地从意识、思路、作风等等方面提出摆脱贫困的思路，通过反复探索与实践，谋划出精准扶贫、精准脱贫、"谁来扶"、"怎么扶"的重大方略，作出扶贫开发的科学决策。

"天下事有难易乎？为之，则难者亦易矣；不为，则易者亦难矣。"习近平总书记曾多次从辩证法的角度指出任何事物难易转换的可能性，强调面对任何困难和挑战必须有所担当，敢作敢为，善做善为。唯其有这样的魄力胆识，才能在没有路的地方闯出一条路来，证实中国特色道路的特殊价值特殊意义。

在世界上人口最多的中国实现全面小康，率先消除贫困，是足以彪炳千秋的伟大事业，是对国际减贫事业作出的重要贡献。每一个中国人都应该自觉参与其中，为之奋斗，为之自豪。

2015 年 11 月 27 日

# 立下愚公移山志　打赢脱贫攻坚战

"脱贫攻坚战的冲锋号已经吹响。我们要立下愚公移山志，咬定目标、苦干实干，坚决打赢脱贫攻坚战，确保到 2020 年所有贫困地区和贫困人口一道迈入全面小康社会。"

在中央扶贫开发工作会议上，习近平总书记作出脱贫攻坚的重大部署，向全党全国全社会发出了齐心协力脱贫攻坚的动员令，充分彰显以习近平同志为总书记的党中央打赢脱贫攻坚战的坚定决心和坚强意志，充分表明中国共产党履行"全面建成小康社会一个也不能掉队"庄严承诺的金子般信心与实现人民梦想的远大胸襟。

毋庸讳言，现在所剩下的 7000 多万贫困人口，与我们成功脱贫的 7 亿多人相比，绝对量并不大，但让他们全部脱贫的任务却是最难啃的硬骨头，可以说是贫中之贫、困中之困、难中之难，诚如习总书记的判断"脱贫攻坚已经到了啃硬骨头、攻坚拔寨的冲刺阶段"。现在，中央之所以强调要立下愚公移山志到 2020 年实现农村贫困人口脱贫、贫困县全部摘帽，从根本上说就是因为中国共产党矢志不移为民造福的执政情怀。

正如习近平总书记所说："消除贫困、改善民生、逐步实现共同富裕，是社会主义的本质要求，是我们党的重要使命。"可以说，一大批优秀共产党人正是肩负这样的使命，饱含为民造福的情怀，以苦干实干的心力，才成功走出了一条中国特色扶贫开发道路。习近平总书记回首自己的工作经历，感慨"扶贫始终是我工作的一个重要内容，我花的精力最多"，至今铭记"善为国者，遇民如父母之爱子，兄之爱弟，闻其饥寒为之哀，见其劳苦为之悲"的古语，访美时用梁家河今昔变化的故事诠释中国梦，正是这种浓厚深重情怀的生动体现。

立下愚公移山志，不仅要有情怀，更要有想法，有方法，有办法。如何解决好"扶持谁"的问题？怎样解决好"谁来扶"的问题？如何解决好"怎么扶"的问题？怎样把精准扶贫、精准脱贫与实际和实践精准对接？凡此都要求我们把心思和精力都调到最佳频道上，把智慧和力量运用到正确轨道上。诚如习近平总书记所说："必须以更大的决心、更明确的思路、更精准的举措、超常规的力度，众志成城实现脱贫攻坚目标，决不能落下一个贫困地区、一个贫困群众。"

改革开放 37 年来，我们取得了脱贫的历史性成就，向世界证明了中国共产党领导和中国特色社会主义制度的优越性。我们深信，彻底打赢了脱贫攻坚战这场硬仗，把 13 亿人民全部带入全面小康，这个优越性就会更充分地证明，更有魅力地彰显。

2015 年 11 月 28 日

# 凝心聚力，朝着全面建成小康奋进

举世瞩目的十二届全国人大四次会议隆重开幕。全国政协十二届四次会议也于日前开幕。这是中国人民政治生活中的大事，也标志着"两会时间"正式开启。

每年春季，两会都会准时召开。虽然年年相似，但又岁岁不同：今年两会，是在"十二五"收官、"十三五"起步的关键时刻召开的一次重要会议。进一步确认全面建成小康的路线图、任务表，统一思想，凝聚力量，完成经济社会发展的各项任务，具有重要意义。

在开幕式上，李克强总理的政府工作报告赢得代表委员一次再次热烈掌声。这是因为，回望一年，回首五年，不少代表委员深感中国改革发展的辉煌成就来之不易，不禁感慨万千。

人们看到，去年以来，我们面临着复杂多变的国内外形势，在世界经济持续低迷的情况下，我国经济下行压力加大。以习近平同志为总书记的党中央，总揽全局，运筹帷幄，带领全国各族人民攻坚克难，奋发有为，经济和社会发展取得了巨大成就。国内生产总值达到67.7万亿元，增长6.9%，在世界主要经济体中位居前列。这些，以有力的事实回应了唱衰中国的声音，也增强了我们的信心。

人们还看到，过去五年，我们遇到了不少挑战甚至风险，但中国现代化航船劈波斩浪，一路前行，经济、科技、国防实力和国际影响力大幅提升，跃上新台阶。中国作为新型大国全面崛起，已经成为世界史上最为重要事件和耀眼篇章。这一切，为我们实现"十三五"

规划目标，全面建成小康社会奠定了坚实基础。

未来五年，是中国现代化建设承前启后的五年。实现"十三五"规划，全面建成小康社会，是"两个一百年"奋斗目标的组成部分，也必然对本世纪中叶基本实现现代化，产生重大而深远影响。

今年两会的重要任务，就是根据党中央提出的"四个全面"战略布局和"五大发展理念"，擘画好、审查好《规划纲要》，在一系列关系国家改革发展的重大问题上形成共识。比如，如何保持经济中高速增长，产业迈向中高端水平；如何强化创新引领，为发展注入强大动力；如何推进新型城镇化和农业现代化，促进城乡协调发展；如何形成绿色生产生活方式，加快改善生态环境；等等。对这些问题认识越清醒，理解越深刻，就越能够把"十三五"规划蓝图，变为亿万人民的实际行动。

两会，具有鲜明的中国特色。来自不同地方、不同界别的数千名代表委员，对过去一年政府工作，充分发表意见；对经济社会发展的重大问题，提出自己的建议，畅所欲言，集思广益，充分展现了中国特色民主政治既严肃郑重，又生动活泼。更重要的是，中国的老百姓对两会同样寄予殷切期望，把自己的切身利益同国家发展大计紧密地结合在一起，与代表委员互动，与大会进程呼应。而这正是中国特色社会主义民主政治的独特优势。

奋斗才能赢得未来。从邓小平同志几十年前提出"小康社会"的最初构想，到今天全面建成小康社会近在咫尺，我们用了不太长的时间，干出了改革开放惊天动地的大事业。让我们凝心聚力，奋发进取，朝着全面建成小康社会的目标再进发，决战决胜，夺取新的胜利。

2016 年 3 月 6 日

# 民族团结是各族人民的生命线

"多民族是我国的一大特色，也是我国发展的一大有利因素。"3月10日上午，习近平总书记来到十二届全国人大四次会议青海省代表团参加审议，对推动民族团结、推进民族地区发展作出新指示，在全国各族民众中引起强烈反响。

"56个民族56枝花，56个兄弟姐妹是一家。"十八大以来，习总书记每逢两会，总是要与少数民族人大代表和政协委员面对面交流，聆听基层声音，共商民族地区繁荣发展大计。人们记得，2013年两会期间，总书记参加西藏代表团审议，提出要大力弘扬"老西藏"精神；2014年总书记参加少数民族界委员联组会的讨论；2015年参加广西代表团审议时指出，"决不让一个少数民族、一个地区掉队。"

"民族团结是各族人民的生命线。"一直以来，习总书记真诚地与各族民众交朋友，关心各族人民的民生冷暖，重视民族地区的团结和睦。从甘肃到内蒙古，从新疆到云南，习总书记在国内考察时都少不了看望少数民族群众。去年国庆节，习总书记特别邀请13名基层民族团结优秀代表到北京参加国庆活动，在人民大会堂与他们唠家常，这一温馨场面定格为民族团结的经典时刻。此次，习总书记再次强调，要尊重民族差异、包容文化多样，深化创建活动，让各民族在中华民族大家庭中手足相亲、守望相助、团结和睦、共同发展。

由于历史等原因，民族地区多属我国的边疆地区、贫困地区，是全面建成小康社会的重点、难点和短板。全国14个连片特困地区共有 680 个县，其中 371 个地处民族自治地方，占 54.6%。从青藏高原到塞外草原，从天山脚下到彩云之南，只有实现民族地区全面小康，才有全国的全面小康。习总书记指出，要着力加强民族地区基础设施建设，着力培育民族地区特色优势产业，有序开发民族地区特色优势资源，提高民族地区产业结构层次，增强民族地区自我发展能力和可持续发展能力。社会事业发展和民生建设资金要向民族地区倾斜，让民族地区群众共享改革发展成果。

想各族民众之所想，忧各族民众之所忧，顺民心、增民利，这是习总书记用一言一行向外界传递出的强烈信号。

2016 年 3 月 12 日

纵横捭阖，展示外交风采

# 习近平成功展示中国"醒狮"形象

作为中国国家元首，习近平出访已有多次。但今年的这次欧洲之行，通过高频率的会谈、演讲和发表署名文章，习近平不仅向欧洲展现了中国新一代领导人的风采和魅力，更向全世界展示了中国的新形象。最有代表性的，就是 3 月 27 日习近平在中法建交 50 周年纪念大会那段"中国这头狮子已经醒了"的精彩论述。有漫画家迅速画出了一幅酷似习近平的温厚有力的雄狮漫步图，"醒狮"无疑将成为中国的一个象征。

## 睡狮已醒

"拿破仑说过，中国是一头沉睡的狮子，当这头睡狮醒来时，世界都会为之发抖。中国这头狮子已经醒了，但这是一只和平的、可亲的、文明的狮子"。国家主席习近平在 3 月 27 日，法国巴黎召开的中法建交 50 周年纪念大会上如是说。

"醒狮说"甫出，引起众多媒体热议，国人无不振奋。可以猜想，习主席的这一说法，正是对两个世纪前拿破仑说辞的世纪回应。

用什么来判断曾经沉睡百年的中国狮子如今真正醒来？

海牙核安全峰会上，中国国家主席习近平第一个发言，提出了世界上第一个核安全观"四个并重"。不仅在国际瞩目下展现了一个负责任大国的担当，更凸显了现代中国极富前瞻性和建设性的"议程设置能力"。

习主席对联合国教科文组织的造访，是该组织成立近70年以来迎来的首位中国元首，习主席演讲时所提出的"中国版文明观"获得了各界高度评价。另外，习近平夫人彭丽媛受聘为该组织"促进女童和妇女教育特使"，更是中国"夫人外交"和软实力的又一出彩亮相。

2014年3月31日，在国际媒体的高度关注下，习近平主席如约造访欧盟总部。先后会见欧洲理事会主席范龙佩、欧洲议会议长舒尔茨和欧盟委员会主席巴罗佐。会谈后，中欧双方发表了《关于深化互利共赢的中欧全面战略伙伴关系的联合声明》，该《声明》被外界称作是"为未来的中欧关系定调"。

在会谈期间，习近平创造性提出的"两大力量、市场、文明"说、"四大伙伴关系"说和演讲中对中欧经贸关系的良好期望也引人热议。可以看到，习主席的表态刚柔并济，既向欧盟释放了足够的善意，又向其真诚地表达了中方对相关问题的现实考量。

今天的中欧关系再已不是一百年前那种充满不平等和耻辱记忆的那样。

中国与欧洲，分别是最大的发展中国家和最大的发达国家联合体。此外，欧盟目前是中国第一大贸易伙伴和第一大进口市场，中国则是欧盟第一大进口市场、第二大贸易伙伴，双方利益已深度交织。2013年，中欧贸易额已达5591亿美元；欧盟对华直接投资65.2亿美元，同比增长21.9%，中国对欧盟直接投资36.2亿美元，增长6.2%。

让我们回顾一下，习主席此次访欧所受到的"礼遇清单"：荷兰、比利时皇家空军战机护航；德国总统、总理双重名义邀请；很"宅"的德国"第一先生"罕见出席晚宴；巴黎荣军院广场的阅兵仪式；法国博古斯厨师学院名厨准备的丰盛晚宴；默克尔亲赠的"中国强盛图"……

来自习主席的中国最强音和欧洲的最高礼遇足以让睡狮已醒的结论不言自明。

## 文明的狮子

"文明因交流而多彩，文明因互鉴而丰富。文明交流互鉴，是推动人类文明进步和世界和平发展的重要动力"，习主席在联合国教科文组织演讲时所提出的"中国版文明观"获得了国际舆论的高度评价。

作为首位到访该组织的中国元首，习主席用287个字表达了他从文明交流互鉴中得到的教益。其中，点出的法国著名思想家、艺术家及他们作品中人物的名字多达29个。相信所有听到、看到这些表述的人都会感受到：中国是一只充满善意的狮子，是一只愿意学习的狮子，是正在融入世界文明大家庭的雄狮。

曾经作为一名学者外交官在布鲁塞尔任职三年的察哈尔学会高级研究员、中国人民大学国际事务研究所所长王义桅教授将习主席此访的意义更是上升到了"东西方文明"握手、对话的层面。

王义桅认为，中国向来倡导文化多样化、文明间对话交流。此次通过加强跟欧盟的关系不仅是争取欧盟成员国，而且是争取欧盟所能够影响到的方方面面：不仅是它的成员国，还有它的周边国家、它富有影响的非洲、拉丁美洲和中东地区。所以我们要发展跟欧盟的关系是超越了双边的，是具有全球意义的。这是东西方文明的一种平等的对话、一种友善的和解。

也就是说，习主席的讲话并没有停留在"睡狮已醒"的简单宣示上，习主席眼中的中国狮是和平、可爱、文明的。所以，从另一个角度上说，习主席的表态又强有力且极为巧妙地回应了中国威胁论。可谓是，一语双关、言有尽而意无穷，将中国的文化和智慧体现得淋漓尽致。

## 和平的狮子

　　"中国的国防预算是符合中国这样一个大国国防建设正当需要的。中国绝不走'国强必霸'的道路，但中国也再不能重复鸦片战争以后在列强坚船利炮下被奴役被殖民的历史悲剧"。在柏林发表中国外交政策和中国发展道路的演讲及答记者问中，习近平再次坚定地宣示了中国维护世界和平的信心和决心。

　　那么，中国这只和平的狮子是怎样践行着和平发展之路呢？

　　"当前法国在全球化中有些失意：一方面，其产业竞争力相对德国仍显不足；另一方面，相对于英国又没有金融上的比较优势，处境相当尴尬"，王义桅说。

　　为了摆脱上述尴尬，加强与中国的合作，法国此次对习近平主席的招待可谓"倾其所有"。当然，向来讲究礼尚往来的中国人也给法国带来了"大礼包"：习近平主席访问巴黎期间签署了 50 份经贸合同，价值约合人民币 1539.78 亿元。为此，心怀感激的奥朗德发表联合声明时强调，这一系列价值 180 亿欧元的合同不仅意味着给法国带来源源不断的就业、增长机会，还表明了未来几年中法关系的发展前景。

　　一直有媒体用"特殊"来形容中德关系：当前，中德关系进入"快车道"，中国是德国第三大贸易伙伴，中德贸易额一直占中欧贸易的近三分之一。2013 年，针对中欧光伏贸易争端，德国一再表态反对"贸易战"，反对欧盟征收惩罚性关税，积极在欧盟内斡旋，为光伏争端的最终解决发挥了重要作用。此次习主席访德成功将双边关系升级为前所未有的"全方位战略伙伴关系"，意外引来欧洲其他国家的"羡慕嫉妒恨"。

　　早前，在欧债危机最为严重时，中国仍坚定支持欧洲一体化、力挺欧元；近日，商务部对欧葡萄酒"双反调查"的终止，这都可以看作是中方积极善意的表达。

## 可亲的狮子

在荷兰演讲时,习主席称赞荷兰足球是无冕之王,博得满堂彩。与夫人极富中国风的"外交情侣装"惊艳荷兰国王"白领结"盛装宴会。不同于此前大多数"第一夫人"以自己名字命名郁金香,习主席夫人彭丽媛命名新培育郁金香为"国泰",被媒体解读为寓意"国泰民安",大气非凡。

在德国看望少年足球队时,习主席对足球少年寄语"希望你们这一代出球星",其对足球、对少年的喜爱之情溢于言表。夫人彭丽媛更是在德国中学深入浅出地讲述中国梦,一字一句地教中学生汉语学习方法。

在比利时,国家主席习近平和比利时国王菲利普共同出席比利时天堂公园大熊猫园开园仪式:为比利时儿童送上精心准备的大熊猫毛绒玩具,彭丽媛和玛蒂尔德王后一起将代表美好祝愿的红丝带系上树枝。随后,大家又一起品茶聊天,将中华文化传播于无形。

在布鲁日欧洲学院,习近平主席更是亲自担当和蔼可亲的"老师"角色,向欧洲朋友介绍中国是怎样的一个国家。在访欧行程结束之际,又进一步拉近了与欧洲朋友的距离。"中国狮"形象将从此在欧洲落地生根、广泛传播。

2014 年 4 月 4 日

# 构建新型大国关系是一种政治智慧

7月9日，第六轮中美战略与经济对话、第五轮中美人文交流高层磋商的联合开幕式在北京举行。中国国家主席习近平出席开幕式并致辞。习近平主席的重要讲话，为这次对话注入了新的内容，令中美两国的年度战略与经济对话、人文交流高层磋商备受世人瞩目。

习主席指出："中美合作可以办成有利于两国和世界的大事，中美对抗对两国和世界肯定是灾难。"如何正确认识、妥善处理，并维护发展大国之间的关系，是对大国领导人战略眼光、政治智慧、外交手法的挑战和检验。构建中美新型大国关系更是一项前无古人、后启来者的事业，没有现成经验和模式可以照搬，需要大国领导人去开拓创新。全世界所有爱好和平的人们，都期望大国领导人有足够的政治智慧，导引大国关系不偏离合作多赢的大道。

中美两国是当今世界上最重要的两个国家。两国经济总量占世界三分之一、人口占世界四分之一、贸易总量占世界五分之一。近年来中美两国关系的发展，喜忧参半。一方面，中美高层会晤往来持续不断，各层次对话交流不断加强，在应对气候变化、新能源开发等方面的合作进一步推进。双方经贸关系持续稳步发展，双边投资保护协定谈判进入实质性阶段。在叙利亚化武危机、伊朗核谈判、朝核等国际问题中双方也进行了良好合作。尤其值得一提的是，作为中美关系薄弱环节的两军关系得到显著改善。两国防长和总参谋长实现互访；去年、今年中美两军多次举行联演联训，中美军事关系的改善，促进了双方的理解与信任。

而另一方面，中美关系也出现一些波折。自去年年底以来，美国在涉及中国与一些邻国的领土争端问题上，无视历史与事实，对挑起事端的某些国家一味偏袒。此外，美国司法部以所谓网络窃密罪名起诉中国军人，贸易监管部门对中国产品实施密集的"双反"调查和制裁，一些议员政客和军方人士在公开场合对中方进行无理攻击等等，为中美关系增添了种种不和谐的声音。事实上，正如有评论所说的那样：有些国家正是因为把宝押在相信中美终将摊牌上，才会使出一些利令智昏的招数。

习近平主席极为重视中美关系，一再指出中美两国利益深度交融，两国合则两利，斗则俱伤，中美合作可以办成有利于两国和世界的大事，中美对抗对两国和世界肯定是灾难的基本事实；一再提出中美两国需要在"不冲突不对抗、相互尊重和合作共赢"基础上构建新型大国关系的共识；一再主张中美两国应该登高望远，加强合作，坚持合作，避免对抗，既造福两国，又兼济天下。

这一次在出席中美战略与经济对话开幕式的致辞中，习近平主席九次提到"新型大国关系"，进一步明确提出了"增进互信，把握方向""相互尊重，聚同化异""平等互利，深化合作""着眼民众，加深友谊"等四个方面的具体看法和主张，宣示出中国领导人从历史和现实出发作出的重大战略抉择；体现出中国领导人决心打破大国冲突对抗的传统规律、开创大国关系发展新模式的政治担当。

一年前的此时，习近平主席与美国总统奥巴马在美国加州风景秀丽的安纳伯格庄园举行"不打领带"的历史性会晤，达成"不冲突不对抗、相互尊重、合作共赢"的共识，共同致力于构建中美新型大国关系，为中美新型大国关系确立基调。今天，习主席再次重申他曾被广泛解读的名言：宽广的太平洋有足够的空间容纳中美两个大国。展现出中华文化仁、和的精髓；展现出博大的胸怀、格局与深远的视野。

　　中美关系尽管不时出现一些困难甚至波折，但只要按习主席所说：中美双方"加强对话，增信释疑，促进合作，确保中美关系始终不偏离构建新型大国关系的轨道"。在坚守两国元首达成的重要共识的基础上，排除干扰，加强磨合，妥处分歧，中美关系一定能不断向前发展，而这将使全世界获利。

2014 年 7 月 10 日

# 中委关系升级彰显务实"中国风"

访问专机进入领空后战机升空护航，总统亲自到机场迎接，授予代表最高荣誉的"解放者"勋章，授予象征自由、主权、独立的玻利瓦尔剑……习近平主席拉美之行刮起的"中国风"，在委内瑞拉受到了一系列顶级外交礼仪的呼应。盛大的欢迎场面，隆重的仪式，体现的是两国的深情厚谊，也深深折射出中国在国际舞台上举足轻重的分量。

从今年春天习近平主席的欧洲之旅，到这个盛夏的拉美之行，外交礼仪的细节变化，折射出今日之中国早已步入国际舞台的中央，举手投足都分外引人关注。从 19 世纪《纽约时报》载文称"大清国是一个既污秽又丑恶的国度，它的存在是一种时代错误"，到 20 世纪初参加巴黎和会的中国代表仰天长叹"弱国无外交"，再到 21 世纪中国重回世界聚光灯下向世界宣示中国这头和平的、可亲的、文明的狮子已经醒来，有着五千年文明史的当代中国，仿佛凤凰涅槃般重生，不光葆有中华文明自强不息的精神内质，当代中国的发展进步更彰显出其独特价值。

事实上，让国人平生自豪感和自信心的，不仅在于国际社会的态度和评价，以及国家领导人所到之处受到的顶级礼仪待遇，更在于中国改革开放 30 多年所累积的实力、底气，以及在此基础上形成的诚恳务实的中国风格外交。尤其是习近平主席出访的务实"中国风"，让世人充分领略到中国人信奉的价值和处世交往的原则。从访俄时表示"邻居办喜事,当面来贺喜",到访韩时强调"好邻居金不换",再到这次指出中委是"相互信任的好朋友和互利共赢的好伙伴",习近平主席的一系列魅力话语,展示出中国亲和的、友善的形象,更折射出当代中国的从容淡定与深沉自信。而此次中委关系的提升,更让世人感受到务实"中国风"拂面而来。

今年是中委两国建交40周年,从2001年建立共同发展的战略伙伴关系,到今年将两国关系提升为全面战略伙伴关系,双方关系步入新天地。而这种关系的越走越近,其实质上就是基于合作共赢理念双方共同努力的结果。在这个世界上,国与国之间,有太多比对抗更有价值、更有魅力的蓝海值得探索。这些年,中国一直致力于去探寻这样的蓝海,并通过自己的实践,让国际社会看到了中国的价值和态度,更让所交往的各国得到了实惠、看到了远景。

正如中委全面战略伙伴关系的内涵所揭示的,"战略互信、全面合作、互利共赢、共同发展",在更宽领域加强合作,符合各国人民的利益,合乎各国发展的需要。国与国之间,本着和平、合作、共赢的理念,互通有无、发展自己、惠及对方,这样的共赢只会让世界更加和平、和谐,让人民生活更加美好、幸福。无论是中国的外交实践,还是各国在实践中的选择与探索,最终都必将证明:和平、合作是更崇高的价值理念和国际关系境界。

2014 年 7 月 21 日

# 让太平洋"变窄"的历史性访问

统揽风云天地阔，纵横捭阖自从容——这是一场成果丰硕、意义深远、精彩纷呈的历史性访问。7 月 25 日，国家主席习近平在出席福塔莱萨金砖峰会、巴西利亚中拉峰会，并对巴西、阿根廷、委内瑞拉、古巴四国进行成功的国事访问后，回到北京。

中国与拉美，一个在东半球的东边，一个在西半球的西南，隔着世界上最浩瀚的海洋。习近平主席此访拉近了相距遥远的两块大陆之间的距离，让太平洋"变窄"，铸就了南南合作的新丰碑。

推动让金砖机制"实心化"，让福塔莱萨金砖峰会实现历史性突破是此访的第一座丰碑。

法国思想家帕斯卡尔曾经说：人类的全部尊严就在于思想。2001 年，当高盛前首席经济学家吉姆·奥尼尔首次提出"金砖国家"之时，"金砖"不过是一个学术概念。13 年后，金砖在巴西福塔莱萨迎来了历史性突破——创立金砖国家开发银行与应急储备安排。

五年蓄势，一朝勃发。这两大实体机构正式出炉，是金砖机制性建设、实体化建设的关键一步，是金砖国家团结一致向前看的战略步骤，这不可逆转地推动金砖国家向"利益共同体"迈进。

在福塔莱萨峰会上，习近平主席发表题为《新起点 新愿景 新动力》的主旨讲话，提出了四个"坚定不移"，为金砖国家间的合作规划了新蓝图：

——坚定不移推动经济可持续增长；

——坚定不移开展全方位经济合作；

——坚定不移塑造有力外部发展环境，推动完善全球经济治理；

——坚定不移提高道义感召力，推动建立全球发展伙伴关系。

习近平主席提出的中国方案既高瞻远瞩，又具有可操作性，为"金砖梦"指明了道路与方向，赢得其他金砖国家领导人的积极响应。

"大鹏之动，非一羽之轻；骐骥之速，非一足之力。只要我们心往一处想、劲往一处使，金砖国家将展开腾飞的翅膀，飞得更快更远。"福塔莱萨是"金砖梦"的一个新起点，而不是终点。

构建、充实、提升中国—拉美命运共同体是此访的第二座丰碑。

7月17日是世界瞩目的"中拉时间"。在巴西利亚，习近平主席与拉美和加勒比国家领导人举行会晤，共同宣布成立中国—拉共体论坛。习近平主席在峰会上发表了题为《努力构建携手共进的命运共同体》主旨讲话，提出中拉携手追梦，打造中拉命运共同体。

中拉论坛腾空出世，与业已建立的中非合作论坛、中阿合作论坛一起，成为新时期中国与发展中世界构建命运共同体的三个"擎天柱"。

这一重大突破是新时期我国外交方略的新拓展。13个月之内，习近平主席两度访问拉美，凸显出拉美国家在中国外交格局中的重要地位。

中拉论坛这一制度性安排，把中国与拉美这两个远隔重洋的大陆连接到一起，犹如在这个蓝色星球上勾画出最悠长合作弧线——从焕发青春的东方大陆出发，跨过世界上最浩瀚的海洋，直至多姿多彩的拉美大地。

"同呼吸，共命运。"打造中拉命运共同体不是空架子，而是有着厚实的实质内容。中方倡议的"1+3+6"合作新框架，打造中拉务实合作的升级版。

取得一系列务实合作的成果是此访的第三座丰碑。

习近平此次进一步密切了与四国的政治外交关系，中国与巴西宣布进一步深化中巴全面战略伙伴关系，中国与阿根廷宣布建立全面战略伙伴关系，中国与委内瑞拉宣布中委关系提升为全面战略伙伴关系，中国与古巴巩固了"好朋友、好同志、好兄弟"的"三好关系"。

一个合作大单更是震动全球。中巴双方就签署了 56 项合作协议，包括采购 60 架巴西飞机，中国、秘鲁、巴西发表两洋铁路合作声明。中国将在阿根廷建重水堆核电站，两国央行还签署了 3 年期 110 亿美元的货币互换协议。委内瑞拉将增加对中国的石油出口，中方则愿加大对委方卫星技术转让，中古经贸合作再上新台阶……

对此，外媒的惊叹声一片。美国《华尔街日报》称，这"反映了中国影响力的上升"；英国《金融时报》说，对于整个拉美地区来说，中国已经成为一个金融和贸易的重要替代来源。

魅力外交、抒写外交新佳话是此访的第四座丰碑。

习近平主席带着辣木和桑树种子亲切看望古巴革命领袖菲德尔·卡斯特罗，"辣木缘"成为中古关系的新见证。习近平与阿根廷骑警主动握手表谢意，到共和国庄园与主人拉家常……一个个令人回味的瞬间定格为中拉交往史上的佳话。

大气从容、自信坦诚、人文情怀——习近平主席此访展示的"中国魅力"再度打动了拉美民众。

7 月 16 日在巴西国会的演讲最为典型。习近平主席讲述中国茶农、中国国画大师张大千和巴西作家卡洛斯·塔瓦雷斯等一个个"有缘人"的故事，引述拉美解放者玻利瓦尔、巴西利亚缔造者库比契克的名言，还有巴西国歌、足球、歌舞……习近平主席对拉美历史、文化的熟稔程度让巴西人惊叹不已，自然而然成为在巴西国会赢得掌声最多的外国领导人。

国之交在于民相亲。习近平用当地人听得懂的语言，以润物细无声的方式，增进了拉美人民对中国的了解。习近平主席展现的"中国魅力",贯穿拉美之行始末,成为十多天来拉美媒体津津乐道的篇章。

世界大潮,浩浩荡荡。早在 1988 年,邓小平就指出,21 世纪将是亚太的时代,也是拉美的时代。中国新一届政府从战略高度出发,强调拉美在中国外交全局中的重要地位。习近平主席此次访问拉美,清晰体现出中国在南南合作框架下加强与发展中国家关系的外交布局。

阿基米德说:"给我一个支点,我可以撬动地球。"提升金砖、成立中拉论坛、密切中拉友谊——这次历史性访问实际上在打造中国外交布局的新"支点"。多年以后,人们会发现:太平洋"变窄"了。

2014 年 7 月 25 日

# 展示大国风采

过去的一天，出席金砖国家领导人第六次会晤的习近平主席，连续会见了俄罗斯总统普京、印度总理莫迪、南非总统祖马，还与美国总统奥巴马通电话，分别就双边和多边共同关心的问题交换意见。中国领导人如此密集地与大国领导人会见和通话，从一个侧面，展示了中国作为一个大国所具有的魅力，显示了习主席运筹大国外交的风采，各国媒体纷纷给予高度赞誉。

中、美、俄、印、南非以及巴西，都是具有世界影响力的大国。可以说，处理好大国的关系，增进了解，扩大共识，加强合作，对于解决好当今世界面临的各种难题，促进共同发展，维护世界和平，具有非同一般的意义。

作为世界上人口最多和最大的发展中国家，中国的和平崛起，无疑是世界政治经济格局变化发展的重要事件。对中国的快速发展怎么看，不仅大国关注，其他国家也很关心。正如习主席接受拉美四国主流媒体联合采访时所说："中国坚持走和平发展道路，既积极争取和平的国际环境发展自己，又以自身发展促进世界和平；既让中国更好利用世界的机遇，又让世界更好分享中国的机遇，促进中国和世界各国良性互动、互利共赢。"这番话，中肯直率，语重心长，显示了大国的战略定力和大国领导人的成熟自信。

当今世界，和平发展依然是主流。但我们也看到，对于中国的发展，有些人总怀有敌意，甚至不断制造麻烦。有的散布"中国崩溃论"，有的鼓吹"中国威胁论"，其目的就是要迟滞甚至阻断中国的发展。面对复杂多变的国际形势，中国外交也面临种种考验。对此，中央是坚定和清醒的。这就是，坚持"两个一百年"的奋斗目标不动摇，把发展作为执政兴国的第一要务，不为风险所惧，不为干扰所惑，集中精力发展经济，提升综合国力，通过自身的发展为世界和平与发展作出更大的贡献。

大国要有大眼界、大胸怀、大气度。正如国际国内所看到的那样，今年以来，中国外交空前活跃。外国领导人接连到访中国，习主席出访的足迹遍及各大洲——中欧合作更加紧密，中非友谊更上层楼，中国与亚洲邻国交往频繁，中国和拉美国家各方面关系不断拓展。特别是，中国与各大国领导人之间保持良好沟通。尽管有的国家搬弄是非，挑拨离间，但"形势比人强"，中国走向世界的步伐是无法阻挡的。相信习主席此次拉美之行，一定会展现更加亮丽的中国风采，赢得更多的尊重、更多的理解和支持，同时也会交上更多的朋友，建立更多的友谊。

2014 年 7 月 25 日

# 习主席讲话昭示新疆
# 在中亚战略中重要作用

　　近日，中国国家主席习近平在塔吉克斯坦首都杜尚别参加上海合作组织成员国元首理事会第十四次会议期间，出席了塔吉克斯坦总统拉赫蒙举行的家宴。新闻报道中提到："拉赫蒙向习近平夫妇介绍了当地土特产和馕、抓饭、拉条子等特色饮食。"在习近平参加拉赫蒙家宴的照片里，人们还看到拉赫蒙家庭女性成员身上一件件美丽的艾特来斯长裙。每一个新疆人看到这些都会会心一笑。因为，馕、抓饭和拉条子不仅在中亚是特色饮食，在中国的新疆也是人们每天餐桌上的主食。艾特来斯也是新疆少数民族的传统服装材料。没有什么比这些更加美丽而又生动地体现了新疆同中亚山水相连、文化相亲的纽带关系。新疆，必将成为中国中亚战略中地缘、安全、经济和文化的重要"支点"。

　　此次上海合作组织峰会，最受关注的议题之一就是2014年以后阿富汗的稳定局势，这对于中亚、南亚以及中国周边的安全形势具有重要影响。2012年，中国政府曾经承诺帮助阿富汗"训练，资助和装备警察"，该协议被视作是"中国提升在阿富汗影响力的重要举动"。如今，已经有阿富汗警察力量成员在北京和乌鲁木齐进行培训和学习。新疆尤其在打击地区毒品走私和跨国有组织犯罪方面，正在给阿富汗提供有力的帮助。上海合作组织成立的初衷之一，就是打击地区极端主义、分裂主义和恐怖主义"三股势力"。2014年以来，中亚地区的"三股势力"危险变得更加严峻和复杂。中亚地区当前不仅仅存在传统"三股势力"的威胁，中东正在崛起的新型恐怖组织所谓"伊斯兰国"，更是把目标对准了中亚甚至是中国的新疆。新疆无可避免地成为中国打击"三股势力"尤其是国际恐怖主义的最前沿。多年来，新疆在反恐方面付出了巨大的代价，同时也积累了丰富的经验。习近平主席此次特别提到信息和网络安全，尤其要防范和打击"网络恐怖主义"，正是针对当前中亚地区流毒于互联网之中的暴力恐怖音视频。过去两年来，暴恐音视频对新疆和中国危害甚大，中央网信办和新疆维吾尔自治区政府对此进行了重点的管理和打击，取得了明显的成效。在上合组织框架下合力打击"三股势力"和网络恐怖主义，新疆的经验，可以为中亚国家提供充分的参考。

经济贸易合作是此轮上海合作组织峰会的重要议题之一。作为联通中国内地的纽带，新疆是中国同中亚地区经济贸易合作的桥头堡。目前，旨在提升中国在欧亚大陆政治和经济影响力的"中国—亚欧博览会"已经在乌鲁木齐连续成功举办了四届，均收获了积极的效果。乌鲁木齐也日渐成为中亚地区首屈一指的经济和贸易中心，并发挥着越来越大的地区影响力。2009年，塔吉克斯坦建成联通该国南北的超高压输变电工程，而该项目正是由新疆本土一家大型电工企业完成。此工程彻底实现了塔吉克斯坦电网的独立，使该国北部地区供电摆脱了对周边国家的依赖。未来，新疆将在中亚地区经济发展中继续扮演重要角色，为中国中亚战略的实施提供一个坚实的经济平台。

经济合作必然伴有文化交流。此次习近平主席在上合峰会的讲话中明确提出要加强"上合组织国际传播建设和媒体合作"，在同中亚地区的文化联通方面，新疆一直走在全国前列。从2000年开始，中央政府开始实施旨在发展少数民族地区广播电视事业的"西新工程"，新疆是整个"西新工程"中获得投资最多的省区。多年来"西新工程"对于新疆广播电视基础设施的建设，为中国在中亚地区的国际传播建设和媒体合作打下了坚实的基础。2004 年，新疆电视台便有维吾尔语节目通过卫星在乌兹别克斯坦落地，传递中国的文化和声音。同年，新疆人民广播电台每天 120 分钟的柯尔克孜语《中国之声》也开始在吉尔吉斯斯坦国家电台播出。当前，在每年的"中国—亚欧博览会"期间，新疆维吾尔自治区政府更是召集中亚各国媒介管理和从业人员召开"中国—亚欧博览会媒体论坛"。因此，在国际传播能力建设和开展媒体合作方面，新疆已经在我国的中亚战略中走到了最前列。

新疆对于我国中亚战略最为重要的意义还在于对中亚地区文化的吸引力。新疆是伊斯兰教地区，同时多个少数民族跨境与中亚国家在民族和文化上一脉相承。新疆当前着力建设的一体多元、包容多样和世俗进步的现代化发展模式，将对中亚各国产生重要的影响和示范作用。这对于提升中国在中亚地区的软实力也是重要的推动力。长远来看，中国和中亚国家平等、包容和共同发展，对于整个伊斯兰世界，也有着重要的示范意义。

2014 年 9 月 14 日

# 习主席为何受到众星捧月般欢迎

一年前的 9 月，国家主席习近平在哈萨克斯坦纳扎尔巴耶夫大学作重要演讲，提出共同建设"丝绸之路经济带"的战略构想，举世瞩目。

一年后的今天，当习近平主席再次踏上中亚的土地，"习旋风"再次席卷中亚，"丝绸之路经济带"的倡议已为各方广泛欢迎，对接、共赢成为各方的心声。

习近平主席此次赴塔吉克斯坦访问，一是出席上海合作组织杜尚别峰会，二是对这个"高山之国"进行国事访问。习近平主席所到之处受到超规格欢迎。

在塔吉克斯坦访问期间，习近平主席和塔吉克斯坦总统拉赫蒙肩并肩、手拉着手、边走边谈的情景，不时在人们眼前闪现：在观看仪仗队分列式时，在共见记者后即将分别时……

拉赫蒙总统在总统官邸设下家宴，在庭院中摆下大巴扎，他亲手摘下一颗李子递给习近平，盛了一碗羊汤给习近平主席夫人彭丽媛。"我十分珍惜同习近平主席的友谊……"拉赫蒙在家宴上如此说。

拉赫蒙总统以自己的"待客之道"展现了和中国"携手前行、世代友好"的美好愿望，寄托了"高山之国"对中国的深情厚谊。

在上合峰会上，各国元首与习近平主席进行双边会晤已成为例规。此次，习近平主席第九次会晤俄罗斯总统普京，第六次会晤哈萨克斯坦总统纳扎尔巴耶夫，第三次分别会晤塔吉克斯坦总统拉赫蒙、吉尔吉斯斯坦总统阿坦巴耶夫和东道主客人土库曼斯坦总统别尔德穆哈梅多夫，并与 8 月访华的乌兹别克斯坦总统卡里莫夫在峰会会场第四次聚首……

为何习近平主席在杜尚别受到众星捧月般欢迎？

是因为习近平主席诚挚友好的个人魅力，与这些领导人们建立了良好的工作关系，也结下了深厚的个人友谊。在上合乃至国际领导人俱乐部里，与习近平主席"称兄道弟"已成时尚。

是因为习近平主席提出的"亲、诚、惠、容"的周边外交理念得到各国的广泛认同，中国是好邻居、好伙伴、好朋友已经深入人心。

是因为共建"丝绸之路经济带"的战略构想得到广泛认同，搭中国发展的"列车"实现共同发展、共同繁荣，已经成为中亚乃至世界各国的共识。

上合组织成员国大都分布在古丝绸之路沿线，中国和中亚国家比邻而居，唇齿相依。古丝绸之路，见证了中国和中亚各国之间的"千年友谊"。众所周知，近年来中国与上合组织其他成员国经济互补性凸显，在能源、基础设施、金融、投资、产业承接转移等诸多领域存在重大利益交集。在此基础上，中国与地区相关国家的发展战略日益融汇、契合。可以说，各方完善共同发展战略的顶层设计，实现战略对接、整合的时机已经成熟。而共建"丝绸之路经济带"既是将这些战略构想连接起来的"主轴"，亦是深化中国与中亚国家合作的"催化剂"。

什么是新时期的"丝路精神"？那就是中国不仅追求自身发展，同时注重与他国共同发展，中国欢迎各国"搭车"。共同建设"丝绸之路经济带"，这是一项造福沿途各国人民的大事业。

"为国者以富民为本"。此次杜尚别峰会期间，习近平主席重点介绍建设"丝绸之路经济带"的共赢规划和务实举措，提出全方位深化上合组织务实合作与人文交流的建议：

——我们将在本地区合作建设三大走廊，即中国—中亚—西亚经济走廊、新亚欧大陆桥经济走廊、中蒙俄经济走廊。

——当前应该重点推动各国在道路运输便利化、贸易投资一体化、建立融资保障机制等问题上扩大共识，取得突破。

……

在此次峰会上，提出发展理念的同时，中方也为上合组织和地区国家带来利好发展的切实支持。中方决定向上合组织成员国提供50亿美元贷款，用于合作项目融资；将中国—欧亚经济合作基金最终规模扩大至50亿美元；并在2015年中国西部国际博览会期间举办上合组织国家商品展，为各国优势产品进入中国市场提供更多便利……

习近平主席提出的倡议得到各方积极响应。俄罗斯总统普京表示，中方共建"丝绸之路经济带"的倡议为中俄蒙三国合作提供了新的重要机遇；拉赫蒙总统说，塔吉克斯坦欢迎和支持这一非常明智的倡议，因为它回应了塔吉克斯坦的需要，为那些与中国接壤的国家提供发展机会。

作为对新丝路建设的呼应，杜尚别峰会上签署了《上合组织成员国政府间国际道路运输便利化协定》。这是上合组织内部实现互联互通、推动多边合作的一个突破，有利于"丝绸之路经济带"的建设，对于带动区域经济发展具有重要意义。

习近平主席对塔吉克斯坦的访问具有辐射作用和示范效应，中塔合作更是撬动中国与中亚地区合作的杠杆。此次，习近平专门出席了杜尚别2号热电厂二期和中国—中亚天然气管道D线塔吉克斯坦境内段开工仪式，四里八乡的人们从四面八方赶来，为一睹盛事，现场人潮汹涌。

用魅力打动人，用理念感化人，用倡议吸引人，这是"习旋风"

在中亚劲吹的原因所在。帕米尔高原，雄鹰展翅翱翔。习近平主席在杜尚别不过短短三天时间，但留下的一幕幕为世人久久铭记。

2014 年 9 月 15 日

# 习主席两亚行：佳话频传
# "带""路"齐飞　龙象共舞

在人们心目中，国家主席习近平的出访一直以精彩纷呈著称，这次"一会两亚行"也格外引人注目。国际舆论认为，这是一次经略周边的历史性访问。总结起来，可以用12个字形容：佳话频传，"带""路"齐飞，龙象共舞。

佳话频传是指，习近平主席这一行一直亮点不断，创造了诸多佳话，连日来成为网络、微博、微信广泛转发的焦点。

其一，往访四国对习近平主席来访的热烈欢迎各具匠心，惊喜不断。

在塔吉克斯坦的欢迎仪式上，东道主出人意料地安排各国驻塔使节集体到机场欢迎习近平主席，这在国际外交场合不多见；在马尔代夫，成百上千的盛装儿童在机场集体高喊"习大大"，连日来成为朋友圈里热传的场面；斯里兰卡的欢迎场面更是热情奔放，东道主动用40头大象摆出罕见的"大象方阵"欢迎习近平一行的到来；在印度，习近平主席第一站是到印度总理莫迪的家乡古吉拉特邦进行访问，莫迪亲往下榻宾馆表示欢迎，当地民众表演传统歌舞，欢迎中国贵宾。

其二，家宴、各国领导人促膝长谈、亲密互动成为另一道亮丽的风景线，温馨画面不断。

在杜尚别，拉赫蒙总统在总统府摆下家宴款待习近平主席夫妇，精心在庭院里临时摆起了当地风味的大巴扎。参观闲聊间，拉赫蒙亲手摘下一颗果实递给习近平，盛一碗羊肉汤给习近平主席夫人彭丽媛。

在印度，习近平特意在莫迪生日这天访问其家乡，而莫迪则全程陪同参观甘地故居和河岸公园发展项目。习近平身穿莫迪赠送的印度传统夹克，与莫迪坐在甘地使用过的纺车前闲聊，成为经典一幕。

在马尔代夫，亚明总统在与习近平主席共同会见记者时，忍不住秀中文："很高兴我们再次见面""习主席您好，欢迎您"……

此外，在上合峰会期间，习近平主席与一些国家元首举行了双边会晤，老朋友相见气氛更是热烈。有媒体统计，与俄罗斯总统普京的会晤是去年以来的第九次，与哈萨克斯坦总统纳扎尔巴耶夫是第六次，与吉尔吉斯斯坦总统阿坦巴耶夫和土库曼斯坦总统别尔德穆哈梅多夫是第三次……

其三，精彩的演讲为访问增色。习主席每一次出访，演讲都是亮点。此次习主席在印度新德里泰姬宫饭店杰汉吉尔报告厅发表题为《携手追寻民族复兴之梦》的重要演讲。"纳玛斯代（Namaste）！大家好！"一开场，习主席就用南亚流行的问候语同大家打招呼。他引经据典，信手拈来地多次引用泰戈尔的诗句，从大约2000年前的佛教东传，到郑和七次远航六抵印度，从中印在民族解放斗争中的相互支持，到中、印、缅共同倡导和平共处五项原则，再到展望中国与南亚合作前景。约30分钟的演讲，阵阵掌声在大厅回响。

"带""路"齐飞是指，习近平此访为"丝绸之路经济带"和"21世纪海上丝绸之路"建设增添新动力，"一带一路"实现两翼齐飞。

一年前的金秋时节，习近平主席访问中亚和东南亚时先后提出了共建"丝绸之路经济带"和"21世纪海上丝绸之路"的战略构想，"一带一路"成为中国经略周边的双引擎。

一年后的今天，习近平主席二访中亚，首访南亚，"一带一路"

战略获得了新的动力，谱写了新篇章。

首先，"一带一路"的战略构想进一步得到往访国的认同，日益深入人心，并被载入有关文件。上合组织杜尚别峰会签署了《上海合作组织成员国政府间国际道路运输便利化协定》，在互联互通这一困扰多时的问题上实现重大突破，从基础设施上为建设"丝绸之路经济带"打下基础。

在杜尚别，中塔两国元首见证了《关于共同推进丝绸之路经济带的谅解备忘录》等一系列文件的签署。

访问马尔代夫期间，习近平主席同亚明总统一致决定，构建中马面向未来的全面友好合作伙伴关系，携手共建"21世纪海上丝绸之路"。

访斯里兰卡，在两国元首见证下，双方签署《中斯关于深化战略合作伙伴关系的行动计划》，这些"行动"包括启动自贸协定谈判、推进科伦坡港口城建设等，为建设"21世纪海上丝绸之路"添砖加瓦。

其次，"一带一路"的构想并非空中楼阁，而是体现在务实合作中。

此次访问塔吉克斯坦，中塔双方签署的协议达到17项之多，涉及政治、经济、文化诸多方面，其他合作项目还有哈特隆州农业科技示范园，协助塔方积极利用太阳能解决农村地区缺电问题。中国—中亚天然气管道D线塔境内段奠基是亮点，竣工后，中亚地区每年输向中国的天然气将达800亿立方米。中塔双方满怀信心，未来五年可以把双边贸易额提升至30亿美元。

在马尔代夫，中马双方签署九项合作协议，包括马累—机场岛跨海大桥项目、医疗卫生等。此外，马尔代夫住房二期项目和拉穆环礁连接公路项目，分别让马尔代夫约3%和4%的人口直接受益。

在斯里兰卡，东道主拉贾帕克萨总统更是借习主席出席中斯重要合作项目——普特拉姆燃煤电站视频连线启用仪式的东风，"豪气"地宣布，全国用电价格将削减 25%，同时下调油价，让全国老百姓欢欣鼓舞。

龙象共舞则更好理解，习近平主席对印度的访问是此行国际舆论最为关注的一段旅程，世界在瞪大眼睛注视，"中国龙"与"印度象"互动共舞给世界政治版图带来什么样的嬗变。

从古吉拉特邦到新德里，习主席与莫迪既聊治国方略，亦谈双边关系与国际形势，双方一致同意携手构建更加紧密的发展伙伴关系。诚如习近平主席所说，"中国龙"和"印度象"和谐共处、和平发展、合作发展，将惠及两国 25 亿人口，惠及广大发展中国家，将对地区和世界产生深远影响。

更具有实质意义的是，双方共签署 15 项合作文件，涉及经贸、金融、文化等诸多领域，其中加强铁路合作与兴建 2 个产业园区项目最为引人注目。中印双方更是信心十足，未来五年中国将对印投资200 亿美元。

习主席访印"或将创造一个独特的契机，有望决定性地改变双边关系态势"。彭博社在报道中分析。

归根结底，习主席此访佳话频传，"带""路"齐飞，龙象共舞，体现了"亲、诚、惠、容"周边外交政策日益深入人心，与邻为善、以邻为伴的理念受到绝大多数邻邦的高度肯定与欢迎。在此背景下，对接、搭乘中国发展列车正日益成为周边邻国的潮流，新的硕果正在缔结。

"博观而约取，厚积而薄发""己欲立而立人，己欲达而达人"。中华民族历来注重敦亲睦邻，讲信修睦、协和万邦是中国一以贯之的外交理念。

去年以来，从首访俄罗斯到一访中亚四国，再到秋访东南亚，从今年先后"点穴式"访问韩国和蒙古国，再到如今二访中亚，首访南亚，习近平主席的周边外交之旅几乎在中国周边画上了一个硕大的圆弧。而这，正体现着"中国视周边为安身立命之所、发展繁荣之基"的理念。正如习主席在印度演讲中所说，中国诚心诚意同邻居相处，一心一意共谋发展，携手把合作的蛋糕做大，共享发展成果。

2014 年 9 月 20 日

# 习近平首访让"铁哥们儿"关系更铁

枭龙战机护航,总理谢里夫亲赴机场迎接,提升双边关系为"全天候战略合作伙伴关系"——中国国家主席习近平今年的首次出访,在巴基斯坦掀起"习旋风""中国热",为中巴关系注入新活力,成为世界舆论的焦点。

"未来可以期待,未来也可以创造"。习主席在巴基斯坦议会发表演讲中引用巴基斯坦国父真纳的话说:"只有通过团结一致的努力,才能把我们的理想变成现实。"习近平主席提出5点建议:中巴要守望相助,深化战略合作;中巴要弘义融利,实现共同发展;中巴要心心相印,世代友好;中巴要风雨同舟,共对安全挑战;中巴要勇担责任,加强国际协作。

习主席行前,一份中巴两地同时进行的网络民调显示,高达九成的网民认为中巴是"铁哥们儿",而中国网民更是创造出"巴铁"一词来形容巴基斯坦。习主席的访问让中巴"铁哥们儿"关系更铁,中巴友谊"比山高,比海深,比蜜甜,比钢硬"。

"铁哥们儿"交往讲的是走心。习主席巴媒体上发表署名文章上来就引用乌尔都语诗歌,用"感觉就像到自己兄弟家中探访一样"来形容此次访问,打动了诸多巴基斯坦民众,"动人心弦"是许多巴基斯坦民众的感慨。短短的两天访问里,习近平主席与巴领导人举行会谈会晤,在议会发表演讲,与各界广泛交流,在总理府种下友谊树,为文化中心揭牌,向友好人士、友好团体颁发和平共处五项原则友谊奖，获奖人里包括打动诸多网民的连续 37 年自愿守护吉尔吉特中国烈士陵园的守陵人艾哈迈德。

"铁哥们儿"更铁体现在"独一无二"的关系新定位上。习主席此访的重头戏，是将中巴关系提升为"全天候战略合作伙伴关系"。纵观中国新时期对外关系，这一定位既是第一个，也是独一无二，有着极其丰富的内涵。

这是与时俱进的战略选择，是中巴友谊步步深入的自然延展，体现了中巴两国人民和时代的呼声。一直以来，中巴两国始终是肝胆相照的好兄弟，同甘共苦的好朋友，合作共赢的好伙伴。正如习主席提到，巴基斯坦为中国提供同世界联系的空中走廊，支持中国恢复联合国合法席位。

上世纪 90 年代，世界形势发生巨变，中巴友好合作关系经受住考验。1996 年 12 月，双方决定建立面向 21 世纪的中巴全面合作伙伴关系。进入 21 世纪以来，中巴全面合作伙伴关系进一步深入发展，2005 年中巴签署《中巴睦邻友好合作条约》，两国宣布建立更加紧密的战略合作伙伴关系。而今，当历史的车轮驶入新世纪第二个十年的中叶，面对新形势、新发展，中巴建立全天候战略合作伙伴关系是水到渠成，为中巴"铁哥们儿"关系树立了新大厦。用习近平主席的话说，要"始终把中巴关系置于中国外交优先方向"，此次访问的目的是"搭建未来 5 到 10 年中巴合作战略框架"。

"全天候战略合作伙伴关系"涵盖政治、安全、经济合作、人文交流等方方面面，"全天候"意味着风雨无阻，是对患难见真情的中巴关系的现实写照。巴基斯坦民众记得，前不久也门局势动荡，中国军舰在危急时刻协助巴方撤离侨民；2010 年巴基斯坦遭遇特大洪灾，中方迅速提供紧急救援物资、搜救力量、医疗援助，积极参与灾后重建，造福当地民众。中国人也同样记得，2008 年汶川大地震，巴基斯坦将国内储备的两万余顶帐篷倾囊捐赠给中国。

疾风知劲草，烈火见真金。正因为如此，习近平主席这次出访唤起了中巴两国人民对彼此的热爱，激起了中巴人民跨越帕米尔高原的惺惺相惜。难怪，有网友这样留言："只有巴的课本上写着中国是巴基斯坦最坚定的盟友、只有巴有条法律叫反中巴友谊罪。只有巴在我们汶川大地震动用国家全部的运输机，搬光国家战略储备的帐篷……"

"铁哥们儿"更铁体现在具体务实合作上。习近平主席此访，中巴之间签署了50多项双边合作文件，包括CNN、路透社等各大国际媒体纷纷突出报道。习近平主席在与谢里夫总理会谈时提出，以中巴经济走廊为引领，以瓜达尔港、能源、交通基础设施和产业合作为重点，形成"1＋4"经济合作布局。推动中巴经济走廊建设惠及广大民众，成为对本地区互联互通建设具有示范意义的重大项目。丝路基金选择中巴合作的能源项目作为第一个支持项目，具有重要意义。中方欢迎巴方积极参与亚洲基础设施投资银行筹建。

中巴两国人民有着相同的强国梦、发展梦，而中巴经济走廊建设是落实中巴命运共同体的重要载体，也是"一带一路"建设的重要组成部分。中巴携手奋进，命运与共，努力让中巴经济走廊造福于两国和两国人民，使之成为紧密联系中巴友谊的新纽带。

习近平主席的访问尽管只有短短两天，但却在中巴关系史册上书写了浓墨重彩的新篇章。若干年后，人们依然会对这跨越帕米尔高原的访问津津乐道：全天候"巴铁"成为网络流行词，习主席演讲赢得议员们50多次拍击桌子鼓掌，"一带一路"与所在国发展战略无缝对接，丝路基金首露芳容，"中巴友谊"永不生锈……

2015 年 4 月 21 日

# 习近平"亲民外交"拉近
# 中外民众"心距离"

习主席此次出访五天里，访"巴铁"，作演讲、签协议，让"铁哥们儿"更铁；访印尼，提倡议、谋发展，让世界激荡起亚非梦。除了规定动作的"高大上"，习主席的"亲民外交范儿"更是收获了来自中外网友的一致点赞，成功展现出中国外交处处"走心"的魅力。

在大多数网民的眼里，国事访问或许只是领导人之间遥不可及的高谈阔论，但习主席的"亲民外交范儿"显然打破了这种刻板印象。访巴前夕，他在巴基斯坦报纸发表《中巴人民友谊万岁》一文，借用巴基斯坦名句对中巴友谊的诗意表达成功引起了巴基斯坦网友的热烈回应：有的网友将自己社交账号的头像直接换成了习主席和谢里夫总理的合照；有的网友说，终于把最懂我们的习主席盼来啦；当天，"巴中友谊话题"热度不减地稳居"今日巴基斯坦"网的头条话题！

与此同时，当习主席在巴基斯坦议会情真意切、打动人心的演讲收获议员们 50 多次击节叫好的新闻传遍微博头条和微信朋友圈，中国网友也在第一时间被感动被震撼："巴铁好兄弟，有谁和我一样看到这一幕感动到飙泪""这样的巴铁，我们不爱谁爱""中巴友谊万岁，演讲句句感人，一起给大大点赞"。客观地说，中巴两国语言不同、风俗迥异，更有崇山峻岭从中阻隔，实现"零温差、零时差"的交流并非轻而易举。但由于习近平超越语言、超越文化的真情话语、亲民风范，中巴两国网友借助互联网上的交流互动实现了对中巴友谊"比山高，比海深，比蜜甜，比钢硬"的心灵对话、情感共鸣。

习主席的外交亲民之风还同样吹到了千岛之国印尼。在亚非领导人会议期间，一位印尼代表将自己和习主席的两张微笑自拍照上传网络并引来一片热议。有细心网友还发现，"第一张模糊、第二张清晰，看来习主席非常配合这位印尼粉丝！"还有中国网友感慨道，"习大大萌哒哒，亲民风范走出国门！"也有印尼网友评论道，"真没想到大国的领导人也这么新潮这么亲民！"

"国之交，在于民相亲"。亚非地区有 100 多个国家，社会制度、历史文化、价值观念千差万别，但有一点是相通的，那就是各自人民对美好生活的追求、对真诚友谊的珍惜。习主席不止一次强调，"要讲好中国故事，传播好中国声音，把中国梦同周边各国人民过上美好生活的愿望、同地区发展前景对接起来，让命运共同体意识在周边国家落地生根。"实际上，他本人既是这一理念的倡导者，还是积极的践行者。

近两年来，习近平在海外发表了 17 次演讲和 14 篇署名文章，接受了 6 次外媒采访。在韩国，他谈中韩骨髓捐献的感人故事；在哈萨克斯坦，他讲一对中哈母子的寻亲之路；在坦桑尼亚，他提起《媳妇的美好时代》。虽然每次时间、地点各有不同，但保持不变的是他平易近人、真情动人的亲民风格。就习近平主席 2015 年的首访，有东南亚网友评价道，习近平的亲民作风让人们觉得他其实就是隔壁的长辈、串门的邻居，让所谓的"中国威胁论"不攻自破吧！

在 4 月 20 日到 24 日的短短五天里，习近平从南亚的巴基斯坦到东南亚的印尼，画出了一条以团结、友谊、合作为注解的微笑弧线。他用打动人心的讲话、平易近人的作风和亲切暖人的微笑成功拉近了中外民众心与心之间的距离。他用实际行动告诉世界，外交不光是聚光灯下的"高大上",还应该有拉近各自民众"心距离"的"亲民外交范儿"。这样的风范值得赞颂!

2015 年 4 月 27 日

# "家乡外交"促动"龙象共舞"

去年9月，习近平主席访印时曾在莫迪总理生日当天访问其家乡古吉拉特邦。眼下，莫迪应约来到西安，习主席打破惯例首次在自己家乡接待外国领导人。

去年，习主席与莫迪在萨巴玛蒂河畔信步闲聊，两位领导人坐在甘地使用过的纺车前纵论天下的画面，定格为中印外交经典。如今，习主席与莫迪在大慈恩寺闲庭信步，吃"酸辣汤"，同登大雁塔远眺西安市景等，成为一幕幕外交新佳话，刷爆了微信微博。

私谊促外交，这是"家乡外交"的内核。在轻松的氛围下，更有利于共话合作与发展，找到解决问题的办法，归根结底是为了促进国与国之间的关系。以习近平主席去年印度之行为例，双方签署了十余项协议，达成"管控好边界争议"的共识，外媒普遍认为习主席访问成果"超出预期"，这其中或许就有萨巴玛蒂河畔散步夜宴的一份功劳。

从古吉拉特邦到西安，"家乡外交"很容易让人联想到历史。1300多年前，唐代名僧玄奘从长安（西安）出发前往印度取经，开启了中印佛教文化交流的序幕。玄奘曾在古吉拉特邦游历，在印度学佛、讲经、辩经，从印度取来"真经"后又回到西安译经，大雁塔就是见证。莫迪此次向大慈恩寺赠送了一株在佛教和印度教中均具有深邃含义的菩提树苗，而西安人以仿古入城式欢迎莫迪"入城"，习主席陪同莫迪观看《梦回长安》。这向外界表明，中印将珍视千年积淀的文化交流成果，在致敬的同时将其发扬光大。

"家乡外交"更具有重大现实意义。西安是丝绸之路的起点，习主席提出的"一带一路"战略构想为"龙象共舞"提供了新机遇，而莫迪上台后提出的"向东行动"政策，正好与之呼应。

中印两国人口加在一起有 25 亿，是国际舞台上上升的新兴力量。中印都面临实现民族复兴的历史机遇，中印关系存在实现飞跃的巨大潜力和现实条件。习主席为此在西安提出四点建议：加强国际和地区事务中的战略协作，更加紧密地对接各自发展战略，共同努力增进两国互信，管控好分歧和问题，要鼓励两国各界加强交往，使中印友好和合作成为两国社会共识。

相对应的是，莫迪提出要推动中印关系实现从"英寸"到"英里"的飞跃，认同中方的"一带一路"倡议，愿加强在南亚地区互联互通建设上的合作。结束西安访问后，莫迪到北京与李克强总理会谈，签署一系列合作文件，将中印务实合作落到实处。以"家乡外交"为标记的"龙象共舞"，正成为全球瞩目的外交新佳话。

2015 年 5 月 15 日

# "习奥会"开启中美新型大国关系新航程

白宫开门迎客来！"你好！"奥巴马总统用中文在白宫门口迎接习近平主席，拉开了举世瞩目的"习奥会"的序幕。

这是习主席访美的最高潮，这是中美交往的历史性时刻。在这全球瞩目的峰会上，两位元首就各自国内政策、双边关系重要议题、国际和地区局势广泛交换意见，达成广泛共识，会晤成果丰硕。"习奥会"为中美新型大国关系不断向前发展增添新动力，跨越太平洋合作的新航程就此开启。

新航程的开启以其独特而丰富多彩的形式载入史册。有白宫南草坪隆重的欢迎仪式，有内容丰富的正式会谈，有高大上的黑领结国宴；也有秋夜月光下的散步，也有白宫阳台上的挥手致意，也有不打领带的私宴闲聊——美国人以其罕见的最高规格迎接习主席。连美联社都感慨，从与世界上绝大多数领导人交往情况看，奥巴马总统花费了更多时间与习近平主席建立私人交情。

"习奥会"将"不冲突、不对抗、相互尊重、合作共赢"的原则强化深化，向世界展示了共同构建中美新型大国关系的决心。会晤增进了中美战略互信，强化了顶层设计，为新时期中美关系定调掌舵。习主席指出，事实充分表明，构建中美新型大国关系具有强大生命力，双方应该坚定沿着这个方向，一步一个脚印走下去。

"习奥会"成果丰富，为中美新型大国关系增加新内涵，为跨越太平洋合作增添实质性内容。会晤期间，双方发布两国元首关于气候变化的联合声明，在投资、人文交流、多边事务协调和合作等诸多方面取得重要进展，中美签署包括发展合作谅解备忘录在内的多项合作协定。奥巴马总统在记者会上用"富有成果"来总结这次会晤。

当今世界正处于大调整、大变革的秩序转换期，中美关系向何处去，全球都在关注。不可否认，中美关系在合作的主流之外也有不谐之音，此次"习奥会"增信释疑，向世界发出中美携手合作、共迎挑战的明确信号。习主席指出，中国是现行国际体系重要的参与者、建设者、贡献者，同时也是受益者。改革和完善现行国际体系，不意味另起炉灶，而是要推动它朝着更加公正合理的方向发展。奥巴马总统也表示，不认同守成大国和新兴大国必将发生冲突的"修昔底德陷阱"，相信美中两国有能力管控好分歧，尽力避免冲突。

构建中美新型大国关系，是一项前无古人、后启来者的事业，不会一蹴而就。新航程接下来怎么走，习主席提出六点建议：保持高层和各级别密切交往；拓展和深化各领域务实合作；密切人文交流；尊重彼此在历史文化传统、社会制度、发展道路、发展阶段上的差异；继续就亚太地区事务深化对话合作；共同应对各种地区和全球性挑战，为国际社会提供更多公共产品。

太平洋足够大，跨越大洋的合作有着广阔的空间。"习奥会"续写外交新传奇，诸多经典场面将永远定格在历史的记忆里。

2015 年 9 月 26 日

# 习主席访联合国：历史的伟大相遇

历史的伟大相遇，往往能碰撞出璀璨的火花，汇聚出澎湃的力量。

几天来，"中国风"劲吹联合国总部，联合国大厦沉浸在"习近平时间"里。多场高峰会议、数个双边会晤会见、向联合国总部赠送和平樽……每一场活动总是在联合国总部引起轰动，引发广泛追捧。

当习主席在发展峰会上发表重要讲话之时，联合国大会厅里掌声不断，会后数十位各国领导人在场外排队与习近平主席握手表示敬意；当习近平主持世界妇女峰会之时，包括德国总理默克尔、法国总统奥朗德在内的80多位世界各国领导人与会"捧场"，习近平夫人彭丽媛用英文发表演讲被网民们热捧……

年年岁岁花相似，岁岁年年人不同。每年9月，一年一度的联合国大会早已成为联合国总部的"常规动作"，但今年的联合国大会却因为"历史的伟大相遇"而显得不同凡响。

不同凡响是因为，中国是以联合国为核心的战后秩序的坚定维护者，支持联合国在国际事务中发挥支柱性作用。习主席在会晤联合国秘书长潘基文时强调，中国致力于维护以联合国宪章为基础的当代国际秩序，将一如既往继续支持联合国，深化同联合国合作。

不同凡响是因为，中国讲信修睦，习主席倡导构建以合作共赢为核心的新型国际关系以及人类命运共同体的新理念越来越得到国际社会认同。中国坚持走和平发展道路，处理国与国之间的关系问题上，中国始终秉持国家无论大小，都应平等相待的原则，包容不同信仰、文化和文明，不将自己的价值观强加给对方。因而，中国的朋友遍天下。

不同凡响还因为，中国对全球经济增长，在全球发展问题、气候变化问题、南南合作等领域展现出不可复制的中国贡献与中国担当。当前，中国经济对全球经济增长的贡献率仍高达30%左右，与中国开展经贸合作有着不可替代的吸引力。习主席访美时，中美两国发表第二份关于气候变化问题的联合声明。在纽约，习主席宣布设立"南南合作援助基金"、增加投资、免除债务等一揽子措施让世界振奋。法新社罕见地以"中国承担更伟大角色"为标题进行报道。

世界大潮，浩浩荡荡。在国际秩序向何处去成为国际社会的"共同焦虑"时，中国作为世界第二大经济体和最大的发展中国家，在国际舞台上发挥着越来越大的作用，中国正能量正成为动荡世界的"定海神针"。正因为如此，中国好，世界就好——这已为国际社会普遍认同。

"历史不会重复自己，但压着相同的韵脚。"1974年4月，邓小平代表新中国首访联合国总部，成为中国外交和联合国发展历史上的经典时刻；41年后的今天，"历史的伟大相遇"创造了又一个外交传奇。

2015年9月28日

# 一次精彩纷呈的历史性访问

　　国家主席习近平结束美国之行启程回国。这是一次精彩纷呈的里程碑式访问，这是一次成果丰硕的历史性访问。

　　七天、三个城市，从美国西部门户西雅图到美国政治中心华盛顿，再到多边外交的最高舞台联合国总部，习近平主席此行横贯美利坚大陆。与奥巴马会谈私聊，与诸多领导人会见会晤，多达6场演讲讲话，参加5个联合国峰会会议……习主席此行日程紧凑，内容丰富，影响深远。

　　精彩纷呈体现在，一幕幕外交经典时刻贯穿整个访问，给世人留下深刻印象。在西雅图，习主席发表演讲，参观波音，会见中美互联网诸多"巨头"，习主席搀扶基辛格、与林肯中学学生亲密交流等温馨画面传遍世界；在华盛顿，"白宫秋叙"延续了"庄园会晤"与"瀛台夜话"的传统，形式多样，既有高大上的正式会谈、隆重欢迎仪式与国宴，也有秋夜散步与私宴闲谈，两位元首交流和共同活动长达9小时；在纽约，习主席更是成为此次联大系列峰会上的焦点人物，每次讲话迎来掌声阵阵，数十位各国领导人排队与习主席握手致意……

　　精彩纷呈体现在，习主席的多场演讲讲话，讲述了一个个精彩的"中国故事""中美故事"和"中国与世界故事"，生动形象地向世界全面系统地阐述中国经济与内政外交方针、对中美关系和对世界形势的看法。这有助于消解美国和国际社会对中国诸多不必要的误解与疑虑，引导国际社会树立正确的"中国观"，让中国倡导的中美新型大国关系和构建新型国际关系等理念更加深入人心。

精彩纷呈还体现在，习主席夫人彭丽媛出席一系列活动，"夫人外交"继续展现中国外交软实力。彭丽媛与奥巴马夫人米歇尔给大熊猫宝宝取名，在联合国用英文讲"中国梦"故事，支持残疾人活动，教外国学生唱中国民歌……一幕幕精彩瞬间被大洋两岸网民点赞。

成果丰硕体现在，中美达成了多达49项的成果清单，涵盖中美新型大国关系、双边务实合作、亚太地区事务、国际与地区问题、全球性挑战等五大领域，极为罕见；中美发布第二份气候变化联合声明，中美企业间达成包括购买300架波音飞机在内的一系列商业合同，双方还同意强力推进达成双边投资协定，确定2016年为中美旅游年，扩大留学生交流……

成果丰硕还体现在，习主席在联合国系列峰会上全面阐述新型国际关系理念，提出"五位一体"打造人类命运共同体的总布局和总路径。习主席还宣布一系列"大手笔"——设立中国—联合国和平与发展基金，成立"南南合作援助基金"，对发展中国家提供"6个100"项目支持，展现了一个发展中大国的奉献与担当。

国际舆论不吝词语高度评价此次访问。《南华早报》总结访美取得"五大成果"，涵盖互联网安全、经济等五大领域；而多家国际媒体认为中国在联合国找到了主场。习近平主席此访毫无疑问是中国外交的新里程碑。用王毅外长的话说，访问引领新型大国关系建设，开辟了中美合作共赢广阔新前景；访问倡导新型国际关系理念，推动了全球和平发展事业不断前行。

7天不过是历史长河里短暂的一瞬，但却足以掀开跨太平洋合作乃至全球合作的新的一页。让"中国梦"与"美国梦""世界梦"进一步交汇对接，让大国外交风采在美利坚大陆传扬，让中国理念被世界传播与认同——这跨越太平洋的金秋旅程，必将以其独一无二的风采魅力载入史册。

2015 年 9 月 30 日

# 习近平金融城晚宴演讲让世界读懂中国

"共倡开放包容，共促和平发展"，10 月 21 日，国家主席习近平在伦敦金融城市长晚宴上发表热情洋溢、意蕴深远的演讲。在这个管理着全球 4 万多亿美元庞大资产的伦敦心脏，引起巨大回声。通篇演讲思想深邃、文化深蕴、主旨深刻，可以说是坦诚吐露心声的内心告白，是让世界读懂中国的一扇窗口。

当今世界，开放包容、多元互鉴是主基调；相互联系、相互依存是大潮流；和平、发展、合作、共赢是主旋律。这是习主席对世界发展潮流作出的三个重要论断。这凸显了当代中国对世界大势的敏锐判断和科学把握。正如习主席所言，各国虽然历史、文化、制度各异，但都应该彼此和谐相处、平等相待，都应该互尊互鉴、相互学习，摒弃一切傲慢和偏见。形成利益交融、安危与共的利益共同体和命运共同体，是大势所趋。在大势面前，世界各国顺应才是最好的选择。

中国人民走的是历史选择的道路，要的是更加美好的生活，想的是和平与发展的世界。习主席这些真实平和的阐述，让世界真切地懂得，中国的道路不是凭空产生的，也不是逆流而定的，而是人民自己的选择、历史最终的选择，诚如罗素所言"只有中国人最了解自己""只有他们自己慢慢摸索出的解决办法才是长久之计"；让世界真切地感知，中国人民正在追求幸福的梦，所有的追求是为了让生活更加美好；让世界真切地明晰，中国崇尚"和"的文化理念，过去没有变，现在没有变，将来也不会变，中国不接受"国强必霸"逻辑，倡导构建人类命运共同体、奉行互利共赢开放战略，为的是让世界更美好。

我们要坚持长远和战略眼光，坚持开放包容的心态，坚持合作共赢的理念，坚持开拓进取的精神。这是习主席对中英未来提出的价值理念。这四点价值理念，是中国对中英两国关系大局大势的把握和未来发展的审度，也是开启中英全面战略伙伴关系"黄金时代"应当遵循的价值原则。这四点价值理念，同样折射出中国走向世界、发展同各国关系遵循的开放包容、合作共赢的价值取向。中英关系的未来发展，是这些价值的实践和示范，必将在国家交往中成为范本。

"凡益之道，与时偕行。"培根说："黄金时代在我们面前，而不是身后。"中英关系"黄金时代"的开启，是两国人民赢得更多福祉的开端，也是中国热情拥抱世界、深度融入世界的一个重要里程碑。

2015 年 10 月 22 日

# "私谊外交"为中国外交增添新亮色

契克斯别墅家宴漫步，小镇酒吧尝黑啤……国家主席习近平的英伦之行不仅成果丰硕，而且创造了两个外交新纪录——这是中英两国领导人首次举行不打领带的"庄园会晤"，这也是习主席首次和外国领导人一起泡吧畅聊。而这，续写了习近平主席"私谊外交"的新篇章，为中国外交增添了又一道充满人情味的温馨亮色。

在有着深厚历史积淀的契克斯别墅，习主席同卡梅伦一起散步，举行长达4个半小时的小范围会晤。除了烛光家宴，习近平和卡梅伦还走进别墅附近一家名为 The Plough at Cadsden 的酒吧，边饮啤酒，边品尝英国特色小吃"炸鱼和薯条"，并同当地民众交谈。

这创造了中英外交新佳话的一幕一幕，不禁让人想起中美领导人此前举行的"庄园会晤""瀛台夜话"和"白宫秋叙"。这种不打领带的非正式沟通交流，无疑是对正式会晤的有益补充，有助于国家关系的稳定发展。

谁说外交只有庄严的仪式、正式的会谈？谁说外交只有盛大的国宴、隆重的签约？回顾这些年习主席出访，这种家庭式、朋友式的聚会与闲聊，为中国外交增添了浓浓的"人情味"。反过来，争相与习主席发展"私人情谊"已成为国际外交舞台的潮流，与习主席"称兄道弟"成为国际领导人俱乐部的新时尚。

还记得，习主席首次出访，与俄罗斯总统普京在克里姆林宫围炉夜话，后来又在巴厘岛 APEC 会议上专门给普京送上生日蛋糕。

普京曾向媒体表示，我与习近平主席意气相投，惺惺相惜……

还记得，去年访问印度，习主席身着印度传统夹克，与莫迪总理在萨巴玛蒂河畔信步闲聊，两位领导人坐在甘地使用过的纺车前纵论天下；前年习主席访问哈萨克斯坦，纳扎尔巴耶夫总统打破常规主动提议乘坐中方专机，与习主席共在万米高空共进早餐，促膝相谈……

还记得，这些年习主席出访哈萨克斯坦、塔吉克斯坦、马来西亚、韩国、蒙古国等国家时，家宴款待成为"标配"。访中亚，塔吉克斯坦总统拉赫蒙在官邸花园亲手摘下一颗果实递给习主席品尝；访问蒙古国，额勒贝格道尔吉总统夫人亲自下厨掌勺……

"私谊外交"不囿于外交礼仪，拉近了领导人之间的距离，有利于促进国与国之间的关系。翻开世界外交史册，丘吉尔与罗斯福，普京与德国前总理施罗德，都是拓展"私谊外交"的典型，甚至因此影响着世界格局和国与国关系的走向。

"私谊外交"展现了领导人自身的人格魅力，体现了国与国之间的深切诚意，是外交史册中不可或缺的彩页。当下，多国领导人纷纷与习主席发展"私谊外交"，一方面表明中国在世界舞台上的分量越来越重，另一方面也表明习主席的个人风采与领袖风范赢得尊重与欢迎。

喜欢你，所以喜欢你的国。领导人出访，举手投足都是外交。究其根本，私谊外交只是表象，其内核还是为大外交服务。在烛光晚餐和月下漫步的氛围之中，领导人畅聊更有利于让对方了解、理解本国政策举措，更有利于共话双边合作与发展，更有利于为国际热点问题找到新解决方案。这次契克斯别墅"庄园会晤"，中英两国领导人就诸多问题深入交换意见，其时长超过外界预期。而这，是对构建中英面向 21 世纪全球全面战略伙伴关系、开启中英关系"黄金时代"的最好注脚。

2015 年 10 月 23 日

# 让文化交流成为中英友好的基石

　　当地时间 23 日上午，习近平主席和卡梅伦首相莅临曼彻斯特城市足球学院参观。英国国家足球博物馆向习主席赠送了世界最早的现代足球比赛规则影印件，习主席回赠了中国古代蹴鞠。参与此次活动的曼城球员代表阿圭罗发布了他与习主席及卡梅伦首相的自拍照片。无数人通过这张传遍世界的照片，心中对习主席的亲近感瞬间加深。

　　这就是文化的力量。此前的 22 日，习主席在伦敦出席全英孔子学院和孔子课堂年会开幕式，并与约克公爵安德鲁王子共同为全球第 1000 所孔子课堂——奥特利尔中学孔子课堂揭牌。这些文化人文交流，为习主席此次出访英国的成果清单增添了不轻的分量。

　　"中英虽然地处亚欧两端，却长期彼此吸引。"在漫长的历史进程中，中国人民和英国人民都创造了灿烂的文明，对人类文明进步产生了深远影响。英国独特的历史文化，吸引着中国人民。当年，中国诗人徐志摩《再别康桥》所描摹的"桥边金柳""桥下碧波"，至今让中国游客向往。而阿诺德·汤因比、李约瑟等学者对中国文明和中华文化的肯定、赞扬，无疑促使今天的英国人更好地认识和理解中国。

　　时代在发展，文化在传承。在新的时代中，文化对人类社会发展的作用日益重要，文化对政治、经济的影响愈加深刻。文化不仅积淀着一个民族和国家过去的文化创造和文明成果，而且蕴含着每一个民族和国家走向未来的可持续发展的文化基因。当中国与英国以及与世界上其他国家深入交往，形成"你中有我，我中有你"的紧密融合时，相互之间多一些文化尊重，多一些文化基因的"链接"，其积极作用不言而喻。中国人民希望睁开眼睛看世界，希望更多地了解世界。同时，世界其他国家尤其是西方国家，需要更多地了解中国人的中国梦，了解中国文化中"天下观""和谐观"等观念的深刻内涵，了解中国人倡导的建立"人类利益共同体"的文化本源。如此，西方国家将如英国那样，在中国崛起的过程中发现新的机会，共同分享中国发展的成果。

习主席说："通过人文交流，中英两国文化中的精华正在对两国人民的思维方式和生活方式产生着奇妙的'化学反应'。"中英两国关系的突破性进展和长期稳定的发展，势必以文化交流的不断加深为基石。

2015 年 10 月 24 日

# 习主席谈经济时全世界都在倾听

11 月 18 日，在 APEC 工商领导人峰会上，中国国家主席习近平发表了主旨演讲。

从博斯普鲁斯海峡边的土耳其，到西太平洋一隅的菲律宾，从金砖国家领导人非正式会晤、G20 到 APEC，尽管不同的会议涉及多方面的议题，但世界经济问题始终是重头戏。

当习近平主席谈论经济的时候，为什么全世界都在认真倾听？对于与会各国各地区的政治领导人和工商界领袖而言，中国国家主席习近平究竟"怎么看"世界经济，对世界经济该"怎么办"的建议，以及他谈到的中国发展理念、发展模式、发展路径和一系列具体主张，无不高度关注。

这首先是因为，当下世界经济平缓复苏但基础并不牢固，存在较多不稳定性和不确定性，在很多国家和地区坐困愁城之时，中国经济的表现让人看到了希望。庞大的消费市场加上不断的创新，中国经济韧性好、潜力足、回旋余地大的基本特征及其表明的可持续发展后劲，毋庸置疑。

"人之所助者，信也"。习主席对世界经济的分析判断和建议主张之所以打动人心，之所以为越来越多的人所重视，是因为中国倡导的坚持合作共赢、构建"命运共同体"的主张，契合了"打造包容性经济，建设更美好世界"的 APEC 会议主题，尊重了亚太地区的实际，呼应了全球经济的新发展趋势，既表达了中国的诚意，同时发出了亚太多数成员的共同心声。

值得指出的是，环绕着浩瀚的太平洋，究竟是为各个亚太国家和地区的长远发展着想，努力创造和平发展的大环境；还是出于一己私利，不停地惹是生非搅浑水，事关整个亚太区域各个成员的利益。在如此让人关切的问题上，谁的主张更有说服力，谁能在改善全球经济治理，推动亚太区域经济平稳发展方面做得更好、更负责任，谁说出来的话就更有分量，就有更多的人倾心而听。

"道虽迩，不行不至；事虽小，不为不成"。在推动亚太区域经济发展和打造新的全球经济治理机制过程中，需要有关国家共同努力，尤其需要作为世界第二大经济体的中国发挥独特的作用。在习主席的一系列讲话和提出的建议主张中，人们听到了中国提出的新发展理念，听到了"立足亚太，造福亚太"这样的郑重承诺，从"一带一路"建设、亚洲基础设施投资银行建设、坚持对外开放方针不变、与亚太成员国加强多边双边合作等实实在在的构想方案中，发现了新的机会，并由衷感受到中国的自信坚定与从容不迫，感受到中国务实外交体现的"习氏风格"。唯其如此，当习近平主席谈论世界经济和亚太经济时，人们不仅认真倾听，而且报以热烈掌声。

2015 年 10 月 24 日

# 坚决打击任何挑战人类
# 文明底线的暴恐犯罪

针对"伊斯兰国"极端组织残忍杀害中国公民的暴行，正在马尼拉出席 APEC 的中国国家主席习近平发表讲话，对暴行予以强烈谴责，向遇害者家属表示深切慰问，向世界传递了中国坚决反对一切形式恐怖主义的强烈信号。

习主席在出访途中的迅速表态，体现了心系人民的情怀与担当。当这名中国人质被绑架后，中国政府和人民十分牵挂其安危。中国政府有关部门第一时间启动应急机制，想方设法开展营救工作。不幸的是，恐怖组织无视人类良知和道德底线，仍然采取了惨无人道的暴力行径。对此，习主席强调，恐怖主义是人类的公敌，中国坚决反对一切形式的恐怖主义，坚决打击任何挑战人类文明底线的暴恐犯罪活动。

从西奈半岛空难的惨绝人寰到贝鲁特自杀式爆炸袭击的斑斑血迹，再到巴黎巴塔克兰剧院里的血流成河，恐怖分子的暴行震惊世界，全球反恐事业被迫发生格局之变。

恐怖势力正"野蛮生长"，恐怖袭击并不是"一次性事件"，"伊斯兰国"等恐怖组织并不打算收手。全球反恐新统一战线正在形成，抛弃分歧走向联手，寻求建立国际反恐联盟的呼声越来越高涨。军事上，俄罗斯、法国等国加大了对"伊斯兰国"的打击，法国开始全国范围内搜寻、打击恐怖分子和嫌疑人。

　　恐怖主义是人类文明的毒瘤，是全人类的公敌，"伊斯兰国"等无端杀害人质的做法更是反文明、反人类，激起全世界的强烈愤慨。恐怖主义不论发生在何时何地，由谁实施、出于何种动机，都是泯灭良知，是文明社会不能容忍的罪行。因此，国际社会必须联合起来，将"伊斯兰国"之类的恐怖组织连根拔除，将恐怖暴行的实施者和帮凶绳之以法。习近平主席明确指出："国际社会必须携起手来，按照联合国宪章宗旨和原则以及其他公认的国际关系基本准则，进一步加强反恐合作，特别要注重标本兼治，不搞双重标准。"

　　中国一向坚决打击恐怖主义，一直致力于国际反恐合作。中国迄今已经与十多个国家建立了反恐合作机制，开展了实质性合作。中国还深入参与了联合国、上合组织等多边合作机制，为国际反恐斗争作出了重要贡献。中国同时也希望，全球反恐要避免以"反恐"为名行"干涉主义"之实，更不要搞"双重标准"，打击以"东伊运"为代表的"东突"恐怖势力应成为国际反恐的重要组成部分。

　　正义永远会战胜邪恶。只要正义的人们团结一致，携手向前，恐怖分子的嚣张气焰终将被彻底打消。

2015 年 11 月 21 日

# 火红的凤凰花欢迎着习主席的到来

应穆加贝总统的邀请，习近平主席将于 12 月 1 日至 2 日对津巴布韦进行国事访问。这是中非关系史上的一件大事，是中津交往史上的新里程碑。习主席在访前发表的署名文章，点燃了津巴布韦人民对习主席成功访问的美好期冀。

读习主席的文章，拓展中津、中非友谊的真诚情怀扑面而来。习主席在文章中提及，中津两国人民曾并肩战斗，结下了难忘的战友情，许多津巴布韦自由战士至今仍会哼唱《三大纪律、八项注意》。习主席提到旅居津巴布韦华侨中从事慈善事业的"非爱不可"妈妈团体和"程爸爸"，也提到津巴布韦送给中国的小狮子"津津"和"菲菲"。习主席提到大津巴布韦遗址中的石雕"津巴布韦鸟"，更是引用津巴布韦谚语"一根火柴煮不熟萨杂"来比喻中非团结一心之重要。

习主席指出，中国是津巴布韦第四大贸易伙伴和第一大投资来源国。中方融资并承担的维多利亚瀑布市机场扩建、卡里巴南岸水电站扩建、"移动壹网"电信改造等项目，将为津巴布韦改善基础设施提供重要助力。立足"现在时"、培育"将来时"，习主席提出增进中津友好、拓展务实合作的四点希望，总结起来就是四个关键词："相互理解支持""发展战略对接""密切人文交流""加强国际合作"。这四点希望立足长远，高瞻远瞩。

一直以来，巩固中非关系一直是中国外交的基石，"不忘非洲兄弟"体现了中国人"不忘本"。人们记得，习近平当选国家主席后的首次出访，就将非洲列为其中的重要行程。此次非洲之行，习主席将在南非约翰内斯堡主持中非论坛峰会，将中非友好合作从整体上提升到新的高度。相对应的是，津巴布韦作为非洲国家中的代表，早在2002年就第一个提出"向东看"政策，与中国对非政策呼应。

火红的凤凰花开满哈拉雷街头，欢迎着习主席的到来，芳华绚丽，友谊绽放。"中国梦"与津巴布韦的民族复兴梦、非洲的发展梦交汇对接，相得益彰。中津、中非友谊在双方人民的悉心培育下，必将有着更加美好的"将来时"。

2015 年 11 月 30 日

# 应对气候变化，展现中国担当

隆冬时节，100 多位国家领导人、近 200 个国家代表云集联合国巴黎气候变化大会，共商 2020 年后国际应对气候变化机制、探索人类可持续的发展路径和治理模式。11 月 30 日，中国国家主席习近平在会议上发表重要演讲，阐述中国对全球气候治理的看法和主张。

此次巴黎气候变化大会有多重要？从联合国秘书长潘基文的呼吁就能看出——"现在到了我们运用常识、做出让步和达成共识的时候了，也到了放眼国家利益以外的天地和把共同利益放在首位的时候了。"可以说，人类应对气候变化的努力到今天，加把劲就能一举迈过"集体行动的困境"，而松口气就有退回哥本哈根式"暴风雪"的危险。

"一份成功的国际协议既要解决当下矛盾，更要引领未来。"习近平在演讲中就即将出炉的巴黎协议提出了四个"有利于"的方向指引："有利于实现公约目标，引领绿色发展""有利于凝聚全球力量，鼓励广泛参与""有利于加大投入，强化行动保障""有利于照顾各国国情，讲求务实有效"。同时，中国倡议还坚持"共同但有区别"的责任原则，既理直气壮地为发展中国家仗义执言，也有理有据地向发达国家发出行动呼吁。如《金融时报》所指出："在国际气候议程缺少愿承担政治风险的拥护者之际，中国正展现出领导力，中国政府的倡议为巴黎气候变化大会注入了新动力。"

"巴黎协议不是终点，而是新的起点。"鉴于哥本哈根会议以来，人类应对气候变化征程的曲折坎坷，不少人将此次巴黎会议视作"人类的最后一个机会"。习近平站在人类命运共同体的高度指出，应该创造一个"各尽所能、合作共赢""奉行法治、公平正义""包容互鉴、共同发展"的未来。这样的未来把全人类的福祉扛在肩上，这样的未来把人类命运共同体的价值认同化作实际行动，这样的未来值得期待。

从哥本哈根会议的"失望之冬"到巴黎会议的"希望之冬"，人类携手应对气候变化的脚步从未停歇。从习近平主席在气候变化大会上的演讲，世界感知了中国深度参与全球治理、打造人类命运共同体、推动全人类共同发展的大国担当。

2015 年 12 月 1 日

# 非洲兄弟给习主席的掌声很热烈

当地时间 4 日上午，经久不息的掌声回响在中非合作论坛约翰内斯堡峰会会场——国家主席习近平在峰会开幕式上致辞，提出中非"十大合作计划"，夯实中非关系"五大支柱"，为新时期中非合作勾画了激动人心的壮丽蓝图。

非洲兄弟的掌声为何这般热烈？因为这是中非合作的一个历史性时刻。15 年前，中非合作论坛首次峰会在北京举行，开启了中非友好合作新篇章；15 年后，50 个非洲国家的元首、政府首脑或代表以及非盟委员会主席共聚一堂，首次在非洲大陆举办中非峰会，其里程碑意义不言而喻。当习主席宣布要把中非关系提升为"全面战略合作伙伴关系"，当习主席宣布"开启中非合作共赢、共同发展的新时代"，怎能不让非洲兄弟欢欣鼓舞？

非洲兄弟的掌声为何这般热烈？是因为习主席提出的"五大支柱"，支撑新时期中非关系的大厦。"坚持政治上平等互信"，"坚持经济上合作共赢"，"坚持文明上交流互鉴"，"坚持安全上守望相助"，"坚持国际事务中团结协作"——这"五大支柱"高屋建瓴，含义深厚，涵盖面广，为中非关系发展锚定了基础。

非洲兄弟的掌声为何这般热烈？还因为习主席提出的"十大合作计划"求真务实，为未来 3 年中非务实合作开列出长长的合作清单。从工业化到农业现代化，从基础设施到金融合作，从绿色发展到贸易和投资便利化，从减贫惠民到公共卫生合作，从人文合作到和平与安全……一个个令人眼花缭乱的数字和合作项目，体现了中国人民的真与诚，提供总额 600 亿美元的资金支持更是定鼎与压轴。这体现了中国人民为非洲发展动真格，为非洲人民谋福祉，怎能不让非洲兄弟感动？

一直以来，巩固中非关系一直是中国外交的基石。习主席指出："中非历来是命运共同体"，"中非是永远的好朋友、好伙伴、好兄弟"。

人们记得，习近平当选国家主席后的首次出访，就将非洲列为重要行程。当时，习主席在坦桑尼亚尼雷尔国际会议中心发表演讲，提出发展中非关系"真、实、亲、诚"四字箴言，30 分钟的演讲赢得数十次掌声。两年后，激动人心的热烈场面再度扑面而来，而其含义更加意味深长，因为今天台下倾听的是数十位国家元首和领导人，因为今天是中非合作论坛 15 周年的重要时刻。从"四字箴言"到"五大支柱"，再到"十大合作计划"，中非友好的厚度、广度与深度有着不同凡响的新拓展。

15 年是历史长河短短的一瞬，但 15 年间中非合作论坛已经成长为参天大树。正如习主席指出："中非合作论坛已经成为引领中非合作的一面旗帜，为南南合作树立了典范，成为带动国际社会加大对非洲关注和投入的先锋。"瑞士《每日新闻报》网站日前刊文指出，中国 15 年的投资在非洲留下的痕迹远比西方半个世纪的发展援助留下的痕迹更加清晰。英国《独立报》则评论说，中国投资日益发展的非洲经济是明智之举。

历史会永远记住约翰内斯堡的掌声。这掌声，响彻"阳光炽热之洲"，穿越千山万水传向全世界。这掌声，既是对中非传统友谊的礼赞，也是中非新时期的合作宣言书，更是中非全新旅程扬帆远航的号角。

2015 年 12 月 4 日

# 习主席尼罗河畔演讲展示
# 公平大国的善意形象

"未之见而亲焉，可以往矣；久而不忘焉，可以来矣。"当地时间1月21日，正在埃及访问的国家主席习近平，在开罗阿拉伯国家联盟总部发表题为《共同开创中阿关系的美好未来》的重要演讲，向阿拉伯世界阐述中国理念，展现中国智慧与大国担当，勾画中阿合作的新蓝图，赢得掌声阵阵，好评如潮。

习主席的演讲展现了解决"中东之问"的中国智慧。富饶的中东迄今仍未摆脱战争和冲突，中东向何处去？在阿盟总部这一独特舞台上，习主席首次向世界全方位阐述对这"中东之问"的"中国答案"，提出解决中东问题的"三点原则"——"化解分歧，关键要加强对话"；"破解难题，关键要加快发展"；"道路选择，关键要符合国情。"

习主席的演讲清晰勾勒出中阿合作欣欣向荣的新局面。中阿合作历经60年风雨，眼下中阿"1＋2＋3"合作格局取得了早期收获。中国同8个阿拉伯国家建立了战略伙伴关系，同6个阿拉伯国家签署了共建"一带一路"协议，7个阿拉伯国家成为亚洲基础设施投资银行创始成员。中国是阿拉伯国家第二大贸易伙伴。

习主席的演讲绘就中阿互利合作的蓝图。习主席提出四点倡议：一是高举和平对话旗帜，开展促进稳定行动；二是推进结构调整，开展创新合作行动；三是促进中东工业化，开展产能对接行动；四是倡导文明交流互鉴，开展增进友好行动。这四点倡议高屋建瓴，高瞻远瞩，又有诸多具体措施为支撑，体现了广阔的视野和务实的精神。

习主席的演讲表明，中国始终关心阿拉伯国家的和平与发展，在中东地区没有任何私利，始终秉持正确的义利观，支持和平对话解决争端。习主席的话语掷地有声：我们在中东不找代理人，而是劝和促谈；不搞势力范围，而是推动大家一起加入"一带一路"朋友圈；不谋求填补"真空"，而是编织互利共赢的合作伙伴网络。西班牙《国家报》网站的评论一言中的：中国……展示为世界和平作出贡献的公平大国的善意形象。

金字塔在倾听，尼罗河在奔流。习主席的演讲是中国理念、东方智慧与大国风采的再升华，是中阿关系史册上的绚丽彩页。

2016 年 1 月 22 日

# 一场展现中美关系突出重要性的元首会晤

　　3月31日，习近平主席在出席核安全峰会期间与美国总统奥巴马会晤。这是继"白宫秋叙"后，两国元首仅时隔半年的又一次重要会晤，对推动两国关系继续稳定向前发展具有重要意义。作为美方在核安全峰会期间举行的唯一一场双边会晤，此次习奥会被《纽约时报》高调形容为"一场展现中美关系突出重要性的元首会晤"。

　　从第三份中美气候变化联合声明，到中美核安全合作联合声明，从宣布将同时签署《巴黎协定》，到双方在各自经济发展、全球治理等双多边问题上的广泛协调，分量十足的会晤成果再度向世界展现了中美合作共赢的深度和广度。双方既在涉及彼此利益的问题上密切协商，也在气候变化、核安全等关乎人类福祉的全球问题上共同引领。正如习主席所说，"中美共同利益远远大于分歧，中美合作可以办成许多有利于两国和世界的大事"。

　　在各种"热捧""唱衰"中美关系之声此起彼伏的新形势下，本次"习奥会"还为世界提供了近距离观察中美关系的窗口。这场会晤让人们再度看到了两国元首发展好双边关系的巨大诚意：习近平表示愿同美方加强沟通，聚焦合作，增进互信，一道努力构建新型大国关系，实现不冲突不对抗、相互尊重、合作共赢。奥巴马则表示欢迎一个和平、稳定、成功的中国崛起，中国的社会政治稳定、经济成功不仅符合中国利益，也符合美国利益。同时，两国领导人对朝鲜半岛核问题、南海问题、台湾问题等一系列热点、敏感问题的坦诚对话、鲜明表态，则让国际社会看到了中美两国求同存异、相向而行的高度共识。可以说，这次"习奥会"不仅起到了巩固良性资产，沟通热点难点的现实作用，还具有承前启后、引领未来的示范意义。

"劝君休错三春景，一寸光阴一寸金。"跨越"修昔底德陷阱"，构建中美新型大国关系，是一条前无古人、后启来者的事业。这场暖春里的"习奥会"，使人们更有理由和信心去相信：中美两国能够创造历史，走出一条不冲突不对抗相互尊重、合作共赢的崭新道路。

2016 年 4 月 2 日

领袖风范，坦诚打动世界

# 习主席演讲缘何这般打动巴西

"奥布里嘎多！谢谢！"随着中国国家主席习近平用葡萄牙语问候结束演讲，人们不约而同站立起来，雷鸣般掌声在宽敞宏大的巴西国会大厅内响起，经久不息。

这是铭刻在巴西国会的历史印记。当地时间 7 月 16 日下午，习近平主席在巴西国会大厦发表题为《弘扬传统友好　共谱合作新篇》的演讲，通过实况直播，传遍了 850 多万平方公里的巴西大地，引起巴西民众的强烈共鸣。用巴西国会领导人的话说，习近平主席是在巴西国会赢得掌声最多的外国领导人。

习近平主席的演讲缘何这般打动"未来之国"的亿万民众？

## 最触动人们心灵的是真情与真诚

"有缘千里来相会"——中国与拉美虽然远隔浩瀚大洋，但习近平主席讲述一个个"有缘人"的故事拉近了彼此的距离。习近平主席谈到鲜为人知的中国茶农故事：200 年前，首批中国茶农就跨越千山万水来到巴西种茶授艺，使得 1873 年维也纳世界博览会上，巴西出产的茶叶赢得了广泛赞誉；他提到曾旅居巴西 17 年、画出《长江万里图》《黄山图》《思乡图》等传世珍品的中国国画大师张大千；他还谈及"一个有颗中国心的巴西人"卡洛斯·塔瓦雷斯，40 多年来孜孜不倦关注、研究、书写中国……

## 最让人倍感亲切的是文化

与世界其他地区相比，拉美或许是中国人最为陌生的地方之一。然而，习近平主席对拉美历史、文化的熟稔程度让巴西人惊叹不已。他引述巴西利亚缔造者、巴西前总统库比契克的名言赞扬巴西人民开拓进取、勇于担当的民族精神，引用巴西国歌歌词祝愿巴西"前程更壮丽"，借用拉美解放者玻利瓦尔的名言说明团结一致的重要性。习近平主席甚至引用巴西国会大厦的设计者尼迈尔先生的话语来陈述外交理念，提及曾风靡中国的巴西电视剧《女奴》，还有巴西足球、歌舞……

一个个感人故事诉说中巴、中拉友谊之诚、之深，直抵人们心底。习主席在演讲中流露出真挚的情感和醇厚的人文情怀，犹如亚马逊河水，滔滔不绝。这自然而然地让听众产生共鸣，引发"海内存知己，天涯若比邻"的感慨。他对深化中巴、中拉关系的满腔豪情，对"追梦"与"圆梦"的热切期盼更是一种励志，让听众们热血沸腾。

习近平主席在演讲中阐述了"中国梦"与"拉美梦"之间的息息相通，他引述巴西作家保罗·科埃略的话语说明，中拉双方要"勇于追梦、共同圆梦"。他说，中方愿意同巴西及其他拉美和加勒比国家一道努力，建设好中国—拉共体论坛，推动建立平等互利、共同发展的中拉全面合作伙伴关系，使双方成为志同道合的好朋友、携手共进的好伙伴。

习近平主席还回顾了中巴关系的发展历程，称其为"南南合作的典范"，提出推进中巴全面战略伙伴关系的三点建议：

——要把握战略协作方向，不断深化战略互信；

——要做好共同发展文章，加强宏观经济政策协调，扩大双方发展战略契合点；

——要肩负国际责任担当，一起来维护和弘扬国际公平正义。

"公平正义"是习近平主席演讲的另一个关键词，他呼吁中巴携手维护和弘扬国际公平正义引来议员们掌声阵阵。

习近平主席指出，公平正义是世界各国人民在国际关系领域追求的崇高目标。历史昭示我们，弱肉强食不是人类共存之道，穷兵黩武无法带来美好世界。世界各国都要遵循平等互信、包容互鉴、合作共赢的原则，一起来维护和弘扬国际公平正义，推动建设持久和平、共同繁荣的和谐世界。为此，习近平主席提出两大主张：

——维护和弘扬国际公平正义，必须坚持《联合国宪章》宗旨和原则；

——维护和弘扬国际公平正义，必须坚持主权平等。

值得一提的是，习近平主席还阐述了国际互联网治理的中国主张。这是习近平主席首次在海外演讲中深入论述这一问题，引发现场听众们广泛共鸣。

习近平主席指出，在信息领域没有双重标准，各国都有权维护自己的信息安全，不能一个国家安全而其他国家不安全，一部分国家安全而另一部分国家不安全，更不能牺牲别国安全谋求自身所谓绝对安全。

对此，巴西议员们的掌声内涵丰富。众所周知，去年以来，巴西总统罗塞夫的电话与电邮被美国国家安全局监听轰动全球，引发了巴西人的强烈愤慨与美巴外交危机。因此，习近平主席提出建立多边、民主、透明的国际互联网治理体系，无疑说出了巴西人的心声。

习近平主席的演讲尽管只有半个小时左右，但什么话语能赢得经久不息的掌声？什么力量最能打动心弦？

是无与伦比的亲和力，是醇厚的人文情怀，是对拉美历史文化的信手拈来，是对深化中巴、中拉关系的万丈豪情，是对维护和弘扬公平、公正国际秩序的满腔正义……习近平主席演讲亮点频频，精彩不断，直抵人心，给巴西人民留下深刻印象。

历史的长河绵绵不绝，但人们记住的往往是那些精彩的瞬间。习近平主席此次在巴西国会大厦的演讲，无疑是定格在中巴、中拉关系史上最闪光的瞬间之一。在这光耀之下，友谊的源泉开始汇聚成为中巴、中拉友谊世代传承的洪流，生生不息，一往无前。

2014 年 7 月 18 日

# 10 号球衣的丰富内涵

当地时间 7 月 20 日，中国国家主席习近平圆满结束了对阿根廷的访问。访问期间，习主席与阿根廷总统克里斯蒂娜举行了工作会谈，就中阿关系和共同关心的国际和地区问题深入交换意见。两国元首共同签署并发表了中阿关于建立全面战略伙伴关系的联合声明，共同见证了两国多项政府间、部门间和商业协议的签署，涉及投资、基础设施建设、通信网络、能源、金融等多个合作领域。

访阿期间，习近平主席会见了阿根廷副总统兼参议长布杜和众议长多明格斯，并接受了布杜赠送的阿根廷国家足球队 10 号球衣。

热情的拉美人总是愿意用不同的方式向尊贵的客人表达敬意。此次习近平主席访阿，阿根廷国会专门作出决定，设立"阿根廷国会荣誉贵宾"称号并授予习近平主席。这是一种特别的礼遇，是阿根廷人民给予中国人民以及中国国家领导人的特别敬意。阿根廷首都布宜诺斯艾利斯专门向习主席授予城市钥匙，则是用古老的传统礼节向中国贵宾致敬。国家足球队在刚刚结束的世界杯赛中荣膺亚军、将足球引以为傲的阿根廷人，向习近平主席赠送国家队球衣，同样是在表达独特的感情。

如中国老百姓所知，习近平主席热爱体育，喜欢足球。几年前他访问美国时，曾现场观看 NBA 比赛，高兴地接受了一件湖人队球星科比的球衣。作为足球迷，习主席还曾先后收到英国球星贝克汉姆签名的球衣、德甲勒沃库森队球衣、2006 年世界杯专用足球。阿根廷国家队的 10 号球衣，是老一代球王马拉多纳曾经披过的战袍，是如今阿根廷足球偶像梅西穿过的荣耀之服。毫无疑问，当许许多多中国的、阿根廷的和全世界的年轻球迷得知习近平主席与他们有着共同的爱好时，这位中国国家领导人更加令人感到亲切，更加充满魅力。

敬人者人恒敬之。习近平主席欣然接受一件球衣，充分表达了他对阿根廷人民的深厚感情。习主席在此次访问中曾经提到，中阿建交已经 42 年，上个世纪由两国老一代人栽下的中阿友谊之树如今已经茁壮成长，枝繁叶茂。让中阿友谊之树长成参天大树，需要精心呵护、精心培育。中阿友谊的发展，不仅需要双方在政治上相互支持，在经济上互利共赢，同时也需要双方扩大人文交流。

人文交流，是不同文化、不同制度的国家之间密切相互交流、增加了解与信任的重要方式。人文交流能够促进不同国家人民之间心与心的沟通，缩短地理上的距离，成为真正的战略合作伙伴。在中国与阿根廷这样两个发展中国家之间，充分而广泛的人文交流，将使双方在曾经相似的历史中找到更多的共鸣，进而在探索各自新的发展道路时彼此给予对方更多的关切和支持。

如何开展和推动国家之间的人文交流，是提高外交工作新水平的重要课题，是展现大国外交软实力的重要组成部分。人文交流包括文化、体育、艺术等等多个方面，我们需要通过开办孔子学院等方式对外传播中国文化，也需要通过向阿根廷人、巴西人学习足球等渠道加强与他国人民的往来。在很多时候，国家领导人直接推动的人文交流，更具有典范作用。习近平主席此次出访阿根廷，从参观阿根廷共和国庄园，走进农家，到观看高乔人的马术、印第安人的歌舞、阿根廷探戈，再到接受阿根廷国家足球队的球衣，邀请阿根廷帮助中国足球发展，以多种多样的方式接近阿根廷的文化，接近阿根廷的普通家庭、平凡百姓，亲切自然地表示出对其他国家文化的尊重，生动地诠释了人文交流的丰富性，赢得了阿根廷人民以及世界各国人民的喝彩，取得了重大的外交成功。

那件珍贵的 10 号球衣，将会作为中阿友谊的见证被国家收藏。一件球衣的佳话，将在中阿两国人民之间传颂。

2014 年 7 月 21 日

# 缅怀故人风范　传递友谊情怀

　　20 日，中国国家主席习近平在委内瑞拉总统马杜罗陪同下抵达加拉加斯的委内瑞拉国家公墓，向委内瑞拉民族英雄、南美解放者西蒙·玻利瓦尔墓献花圈，向这位南美独立运动领袖致以崇高敬意。同时，习近平在贵宾簿上题词："民族先烈，光辉永驻"。

　　21 日，国家主席习近平前往委内瑞拉前总统查韦斯陵墓参谒。在查韦斯陵墓安放的庭院内，习近平默哀致意，缓缓绕陵一周，表达缅怀。西蒙·玻利瓦尔是拉丁美洲著名的革命家、思想家和军事家。在他所领导的独立解放斗争中，委内瑞拉、秘鲁、哥伦比亚、厄瓜多尔、玻利维亚和巴拿马这六个拉美国家摆脱了西班牙殖民统治获得独立。因此，西蒙·玻利瓦尔被称为"南美的解放者""南美的乔治·华盛顿"，至今受到拉丁美洲人民的由衷敬仰。

　　由西蒙·玻利瓦尔提出并被后人归纳的玻利瓦尔主义，产生于拉丁美洲人民反抗西班牙殖民统治的历史背景中。委内瑞拉驻中国大使奥古斯托·米哈雷斯曾说过："用当代政治术语来说，玻利瓦尔主义就是鼓舞各国人民团结反殖反霸反帝的那种不断斗争的精神"，"玻利瓦尔主义认为，赢得主权的新生国家进行合作，结成紧密的友谊，实行一体化"，"它维护和平，也推动人类进行那种必不可少的相互声援。"在今天看来，那种坚持不懈地反抗殖民侵略和殖民统治，坚贞不屈地维护民族生存和尊严的精神，的确当得起"民族先烈，光辉永驻"的评价。

习近平主席在离开委内瑞拉之前专程参谒前总统查韦斯的陵墓，更有不一样的含义。乌戈·拉斐尔·查韦斯·弗里亚斯在其执政期间，成功地降低了委内瑞拉长期居高不下的通货膨胀，将国有石油公司所得利润用于改善民生；在对外关系方面，他强调参与全球化和各国平等，尊重主权和不干涉他国内政，主张在相互合作的基础上建立国际经济新秩序。他拥有千百万支持者和追随者，也有为数众多的反对者。但无论是朋友还是敌人，谁都无法否认他在委内瑞拉政坛和国际政治中创造的一个又一个传奇，谁都无法否认他在与癌症搏斗中体现出的坚强和勇气。

查韦斯生前曾4次对中国进行国事访问，3次进行工作访问，对中国人民怀着真挚深厚的情谊，对发展委中友好关系不遗余力。正如习近平主席所说的那样，"查韦斯是富有魅力的领导人，是中国人民的伟大朋友，也是我的好朋友。他喜爱中国文化，对中国共产党的历史和执政理念了解很深，为发展中委关系作出了杰出贡献。我曾同查韦斯两次见面，当时的情景至今历历在目。故人已去，风范永存。中国人民怀念他。我很高兴看到委内瑞拉政府和人民继承了他的事业，相信你们将在国家建设道路上不断取得新成就。"

习近平主席对西蒙·玻利瓦尔表达的敬意，对查韦斯前总统表达的缅怀，是对拉丁美洲人民反抗殖民主义、坚持独立自主伟大精神的尊重，体现出他对各民族为争取解放而牺牲的先烈英雄的敬佩，体现出他对世界各国老朋友的浓浓情怀。重情重义的习近平主席将中国人民对委内瑞拉人民的友谊传递出去，并将收获委内瑞拉人民和拉丁美洲各国人民的友谊回报。

2014 年 7 月 22 日

# 千山万水隔不断对土地的爱

两场峰会，四个国家，数十场会谈会见——正在拉美访问的国家主席习近平日程密集、活动繁忙，到阿根廷共和国庄园的参观考察成为其中别具一格、让人印象深刻的一幕。当地时间 19 日，阿根廷共和国庄园阳光明媚，草木葱茏，习近平主席在主人的陪同下，满脸笑容地端详着一头头牛羊，还饶有兴致地拉拉牵牲口的绳头，重现"老把式"的风范。

纵观习近平主席近年来的出国访问，抽空访问农场农庄，与农场主、农户拉拉家常颇为常见。

去年访问拉美时，习近平主席和夫人彭丽媛走访哥斯达黎加的农户，与咖啡种植户萨莫拉一家品咖啡，唠家常；今年访欧时，习近平主席和夫人彭丽媛参观了中荷农业合作和荷兰郁金香花展，彭丽媛应邀将新培育的郁金香命名为"国泰"，成为一段外交佳话。

更早时候，四年前习近平访问澳大利亚，曾冒雨驱车一个多小时参观墨尔本郊外的卡尔德米德牧场，对世界先进水平的自动转盘挤奶设备赞叹不已；两年前访美时，习近平走访金伯利农场，与农场主瑞克同坐拖拉机的一幕，至今依然为当地民众津津乐道；两年前访问爱尔兰，习近平深入詹姆斯·林奇农场考察，微笑着抚摸小牛犊的一幕定格为中爱友谊的经典瞬间。

为什么习主席乐于在繁忙的日程中抽空到异国农村去走一走，看一看？我们不妨略加解读。

## 他虽身居高位，依然眷恋泥土的芬芳

年轻时，习近平曾在陕北农村插队，种地、拉煤、打坝、挑粪……什么农活都干过。他能挑一二百斤麦子走 10 里山路却长时间不换肩，是乡亲们眼里"吃苦耐劳的好后生"。

七年的农村生活、七年的甘苦与共，与黄土高原纯朴乡亲们摸爬滚打的岁月，不仅让习近平和当地老百姓结下了深厚情谊，也使他深切了解到什么是中国的农村，什么是中国的基本国情，什么叫"接地气"。而今，几十年过去了，习近平健步踏上田埂、牧场，亲切感油然而生，人们透过镜头都可以看得出来。

## 他虽身在国外，依然心系"三农"

发展农业、造福农村、富裕农民：这是 13 亿人口大国元首治国安邦的头等大事。在陕北插队之时，身为一村之长的习近平就思考如何让乡亲们过上好日子。

后来，习近平又在多个省市领导或分管过农业，对农业、农村、农民一直保有深厚的感情。当选党的总书记后不久，习近平就冒着严寒驱车 300 多公里，到太行山深处的阜平县看望慰问困难群众，考察扶贫开发工作。

在国外农场考察之时，习近平经常说的话语是："我当过农民"，"我了解他们的温饱冷暖和喜怒哀乐"，"做好农村工作，特别是集中力量帮助农村贫困人口脱贫致富，让农民们都过上幸福生活，是我们很重要的任务。"

## 他考察国外农村，目的是为国内农业、农村发展探求新思路、新方法

早在陕北插队之时，习近平就曾远赴四川学习引进沼气。几十年后与瑞典国王卡尔十六世·古斯塔夫会晤时，"沼气"依然是宾主双方津津乐道的交谈话题。在河北正定任职时，习近平就曾到素有"美国粮仓"之称的艾奥瓦州考察访问，引进良种。而今，习近平出国走访农家，总是询问农业新技术、新动向，思索着国内农业发展如何借鉴。

中国是农业大国，中国要发展，必须首先解决好13亿多人口吃饭、发展问题。中国已进入加快改造传统农业、走中国特色农业现代化道路的关键时期。国外的专业化、现代化、特色化、集约化水平，对国内有着重要的借鉴意义。

## 他也在拓展中外民间友谊，搭建心灵之桥

每一次走访农场农庄，本身就是一场绝佳的公共外交、文化交流。通过走访农户，习近平主席能与外国民众近距离交流，拉近中国与不同国家间的文化和情感距离。

此次走访阿根廷共和国庄园，好客的主人展示了高乔人的马术、印第安人的歌舞、阿根廷的探戈，生动展现了这个"马背上的国家"独特而多元的文化。习近平与农场主莫内塔一家促膝交谈，亲切互动，这温馨的一幕让当地人备受感动。正如习主席所说：通过参观，我对阿根廷有了更多了解，我会把阿根廷人民对中国人民的深情厚谊带回去。

## 他在拓展中外农业贸易交流，共话农业合作发展

时代车轮在转动，如今的中国是世界首屈一指的农产品消费市场，各国都争相向中国推销自己的农副产品。今年习近平访法时，法国人在里昂市政厅临时搭起"法国食品超市"，盛情邀请习主席尝奶酪、品红酒，企望打开中国市场。相对应的是，如何坚持立足国内、在确保粮食自给自足的同时，积极利用国际市场、参与国际合作亦是中国政府思索的大课题。

习近平在国外考察时多次强调，通过实地考察了解，有利于探讨加强中外农牧业合作的有效途径和方式。中外农业合作不仅对双方有利，而且也可以对维护世界粮食安全作出贡献。此次在阿根廷，习近平亦指出，中方愿意同阿方加强农业领域合作，扩大农产品贸易。

在习近平历次出访中，农业合作与农产品贸易协议都是众多合作文件中的重要组成部分。去年考察哥斯达黎加农场后，中哥双方签署了多项农产品贸易协议，让更多哥斯达黎加优质农产品出口到中国。此次访问阿根廷，中阿签署质检议定书，有助于阿根廷农产品更为便捷地进入中国市场。

土地是"万物之母"，是"立足之根"，是"希望之源"。放眼全球，对土地的热爱是许多国家民族的共性，重返故土亲吻土地是许多民族的习俗，讴歌土地的诗篇层出不穷。美国名著《飘》里有句名言："世界上惟有土地与明天同在"；中国诗人艾青也曾写道："为什么我的眼里常含泪水？因为我对这土地爱得深沉……"

漫步农场，察农情、问农事、谈发展，千山万水隔不断对土地的爱。习近平主席走访国外农庄农户的一幕幕，不仅是中国外交的多姿多彩的画面，还将因其深刻的内涵、深远的意义而永久为人铭记。

2014 年 7 月 23 日

205

# 奏响中古友谊之歌

7月21日晚，时隔三年，习近平主席再度踏上这个世界上"最甜的国度"，历经半个多世纪却依然感人肺腑、美妙动听的中古友谊之歌再次奏响。

中古友谊之歌是志同道合者之歌。1959年元旦，古巴人民革命胜利，1月25日，北京各界1万多人不顾冬日严寒举行了隆重集会，热烈庆祝和欢呼古巴人民革命斗争的伟大胜利。1960年9月2日，哈瓦那举行了古巴人民全国大会，在全场上百万民众的欢呼之下，菲德尔·卡斯特罗当场拉住中国代表的手宣布要与新中国建交。在古巴受到重重封锁时，是中国人民伸出了友谊之手：中国向古巴提供无息贷款6000万美元，用于帮助古巴建设24个工农业项目；中国购买古巴原糖100万吨，向古巴出口各种紧缺商品；中国负责培训200名古巴技术人员。1963年，古巴遭受了特大的飓风灾害，一位中国领导人得知中国有一船出口大米正在公海运输途中，立即命令这条商船改变航线，直驶古巴，以解古巴人民之急需。同样地，古巴始终坚持一个中国原则，在历届联大上都投票赞成恢复新中国的合法席位。古巴还向中国提供了石油、制糖、纺织、建筑等方面的尖端技术资料，中国初期的大型炼油设备就是参照古方提供的技术资料建成的。古巴还向中国提供了奶牛、牛蛙的良种和饲养技术。古巴为中国培养了100多名西班牙语干部。周恩来就曾用一句古代格言来形容中古之间的友谊："易求无价宝，难得有心人。"

中古友谊是不分彼此的手足之歌。近些年来，中古之间几乎每年都有高层互访，劳尔主席、卡内尔第一副主席相继访华，中古友谊发展到新阶段。"四川就是哈瓦那，只要中国四川灾区的人民需要我们，我们就在这里坚持工作。"这句感人肺腑的话，正是出自汶川地震期间不远万里奔赴灾区的古巴医疗队队长口中。2008年，汶川地震刚发生，素以医疗水平享誉世界的古巴当即从全国抽调了35名最优秀的医生前往中国展开救援。同时，古巴还是接受中国留学生最早、最多的拉美国家。仅最近几年就有3000多名中国公派留学生来古巴学习，成为中国在拉丁美洲最大的留学生群体。双方的旅游合作也蓄势待发，中国赴古旅游人数逐年增长。除此以外，中国的传统文化还通过一年一届的"中国文化节"走进了古巴的千家万户，至今已有14个年头。中古友谊是互利共赢的伙伴之歌。早在上个世纪末，中国的永久牌、飞鸽牌和凤凰牌三大名牌自行车就开始遍布古巴首都哈瓦那的大街小巷。中国已成为古巴交通设备的重要供应商。2001年，百万台中国产彩电从南京港启运至古巴。2005年，首批出口古巴机车完工仪式在北京举行，古巴内政部长、驻华大使均出席仪式。当前，古巴是中国在加勒比地区第一大贸易伙伴。2008年，中国进口古巴糖408万吨，占全国食糖进口总量的一半以上。随着中国和古巴各自改革开放的进一步推进，中古经贸合作也必将进入一个大发展、大进步的新时期。

中国有"铁榔头"带领下的"五连冠"女子排球队，古巴女排也曾以"八连冠"一举开启世界女排"黑色橡胶"时代；中国有改革开放之初的"深圳速度"，古巴现在也有代表改革开放的首个经济特区马列尔港。中古两国有着众多的共同点，以至于两国领导人多次这样形容两国友谊："中古是好朋友、好同志、好兄弟，有相同的理想和信念。"

截至今天，习近平主席已经行程数万里、会见十多位国家元首，取得了多项重大双边和多边外交成果，可谓在拉美地区再度刮起"中国旋风"。习主席此行，为拉美带去的真挚友谊与实在利益，无疑会让这里的土地和人民倍感友谊的可贵和温暖。而作为习主席此次访拉最后一站的古巴，借着半个多世纪以来积淀的好同志、好兄弟、好朋友的深厚情谊，中国外交的真诚与友爱，必将会在拉美舞台上绽放出更为耀眼的光芒！

2014 年 7 月 23 日

# 习主席拉美行:心灵之约
## 魅力之旅　格局之变

这是跨越重洋万里的心灵之约,这是展现领袖风采的魅力之旅,这是改变世界格局的世纪之行——国家主席习近平拉美之行虽然已经过去多时,但习近平主席在拉美大地上留下的一段段外交佳话、展示的魅力风采、缔结的友好合作成果、对国际格局之影响,依然为拉美人民所津津乐道。

## 心灵之约,架起跨越太平洋的桥梁

人世间最能打动人心的是真诚,心与心的交流能跨越千重山、万重洋。习主席的拉美之行,留下一幕幕温馨感怀的交流画面,犹如一次次跨越重洋的心灵之约,让友好情谊在拉美大陆生根发芽。

习近平主席在阿根廷共和国"抚摸小牛犊"的一幕给世界留下深刻印象,而庄园主人莫内塔一家至今对接待习主席的访问记忆犹新:"这是一位让人感觉特别温暖的领导人……习主席是个非常热情的人,让我们感到特别亲切。"莫内塔在接受媒体回访时感慨不已。

"建住房,筑友谊"——这是习主席在委内瑞拉总统马杜罗陪同下参观蒂乌娜社会住房项目时人们高呼的口号。中国承建单位以"看得见的速度"和明显的质量优势赢得了委内瑞拉人民的赞誉。难怪,参与该项目的委内瑞拉工程师爱德华多·洛佩斯对回访的记者感慨:

"作为委内瑞拉人我感到很幸运。"

得民心者得天下。拉美之行，见证了习近平主席与当地民众的友好互动，这进一步培养了拉美民众对中国的亲近感。这互动，可以是一段共同回忆，从 200 年前赴巴西的中国茶农，到风靡中国的巴西电视剧《女奴》；这互动，可以是津津乐道的"共同语言"，习近平主席获赠阿根廷国家足球队和博卡青年队的 10 号球衣，还有那心领神会的一句调侃"转会费多少"，一切都让当地民众倍感亲切……

## 魅力之旅，打动亿万拉美人民

此次拉美之行，习近平主席深入到各界人士中间，用亲和的魅力、生动的话语、务实的作风在拉美人民心目中树立了自信、友善、包容、负责任的形象，在拉美大地掀起了阵阵"中国风"。

习近平主席对拉美历史文化信手拈来的熟稔，对各国国歌、名人的如数家珍，令当地人惊讶、惊喜。如尼加拉瓜著名法学专家毛里西奥·迪亚兹所说，习主席访问期间的精彩讲话和释放出的积极信号，令拉美国家备受鼓舞。

习近平主席在巴西国会发表演讲最为典型。他讲述一个个中拉关系"有缘人"，援引玻利瓦尔和巴西前总统库比契克的名言，旁征博引，折服了无数当地民众，成为巴西国会"赢得掌声最多的外国领导人"。

巴西著名作家保罗·科埃略可能是对习主席这场演讲感受最为独特的人，当他得知自己一句关于梦想的话语被中国国家主席引用后连称"荣幸""欣喜万分"。为此，科埃略特意上网查阅了习主席的演讲全文，并表示要将其著作签名送给习主席，"借此表达巴西人民对中国人民的友谊"。

拉美之行，习近平主席表达了中国不忘老友、结交新朋的真诚意愿。

在委内瑞拉，他亲自前往南美解放者西蒙·玻利瓦尔的墓前敬献花圈，到前总统查韦斯墓前默哀致意，表达缅怀；在阿根廷，媒体称习近平主席赠送的影视作品光盘为中国的"时尚名片"；在古巴，习主席与古巴革命领袖菲德尔·卡斯特罗共叹中古辣木之缘，畅想未来农业合作……

阿根廷《民族报》感慨说，习近平主席可能是世界上唯一既能跟奥巴马拥抱，又能访问古巴和委内瑞拉的国家领导人。

## 合作之丰，给拉美带来新机遇

当前，巴西等国经济上都面临一些困难，急需外力"拉一把"，习主席此访签署的一个个大单可谓是"雪中送炭"。

此次拉美之行，中国和四国累计签署各类合同和框架协议 150 多项，涉及金额约 700 亿美元。拉美国家深切感受到习主席访问给中拉关系带来的新机遇。

在巴西，面对巨额的飞机采购项目与两洋铁路，巴西总统罗塞夫兴奋地表示："没有比这次会谈更令人振奋的成果了""来自中国的不断增长中的多元化投资会为巴西和其他拉丁美洲国家带来充满希望的未来……"

在阿根廷，水电与铁路改造协议的签署轰动世界，阿《金融界报》指出：这两大项目不仅可以缓解阿根廷融资问题，而且对未来阿根廷调整经济结构具有战略意义。

在委内瑞拉，总统马杜罗称，多项合作协议的签署为两国交往打开了历史新阶段的大门。委内瑞拉《宇宙报》撰文说，这对委内瑞拉经济实现可持续发展至关重要。

在古巴，古巴《起义青年报》指出，中古签署一系列合作文件，显示了双方加强合作的共同意愿。

作为全球最具活力和潜力的市场之一，拉美坐拥近 6 亿人口和

5.16 万亿美元的经济规模。诚如诸多拉美媒体指出，习近平拉美之行为这片大陆带来了前所未有的发展机遇，中国元素未来将成为推动拉美经济发展的重要力量。拉美国家应该抓住这一千载难逢的好机会，与中国一道，开创中拉深度合作的新篇章。

## 格局之变，三层提升重塑世界格局与秩序

此次拉美之行，从三个层面重塑了世界格局与秩序。

其一，金砖峰会宣布成立金砖国家开发银行与应急储备机制，标志着金砖体制的"实心化"；

其二，习近平主席与拉美诸多领导人实现历史性集体会晤，共同宣布成立中国—拉共体论坛；

其三，提升了与往访四国的双边关系：中国与巴西进一步深化全面战略伙伴关系，中国与阿根廷，中国与委内瑞拉把双边关系都提升为全面战略伙伴关系；中国与古巴宣布"三个坚定不移"，标注了新时期的坐标。

从双边拓展深化关系，到多边实现历史性突破。这战略性的握手，跨越世界最浩瀚的海洋，全球格局与秩序为之一变。

一石激起千层浪，金砖"实心化"有利于推动国际经济治理体系的嬗变。英国《金融时报》认为："（金砖银行是）全球金融体系的新参与者……IMF 和世行可能会因此提高效率。"

中拉论坛的成立，是对拉美国际地位的再提升。诚如墨西哥蒙特雷科技大学国际问题专家阿道夫·拉博德所说，此访在一定程度上有利于打破某些传统霸权国家对整个区域各种形式的控制。而在巴西中国和亚太研究所所长卡布拉尔看来，中拉领导人此次在会晤中达成的共识将有助于协调各方力量创建一个民主的多极化的全球政治、经济新秩序。

心灵之约，魅力之旅，合作之丰，格局之变。在历史的长河里，

习近平主席十天的拉美之行不过是短短的一瞬，但由于其精彩纷呈、亮点不断、意义深远，而永远为拉美人民所铭记。

2014 年 8 月 5 日

# 出彩中国梦让亚洲陆海相连

金色九月，从雪山下的杜尚别到"印度洋上的珍珠"马尔代夫，从"东方十字路口"科伦坡再到莫迪故乡古吉拉特邦，国家主席习近平的一言一行，春风化雨般地将中国梦的理念传递给了亚洲邻邦人民。在"一带一路"构想的引领下，塔吉克斯坦、马尔代夫、斯里兰卡、印度等越来越多的亚洲国家被巧妙地连接起来，组成了一条美丽的"亚洲弧线"，共同向亚洲更美好的未来迈进。

满载正能量的中国梦如何翻越喜马拉雅的重峦叠嶂，横跨太平、印度两大浩瀚汪洋，将中国的发展红利真正惠及友好邻邦？这是立足华夏，心怀友邻的中国人一直在思考的宏大命题。在"一带一路"重大构想提出届满一年之际，习主席的出访进一步向亚洲、向世界阐明和解读了这一伟大命题的深刻内涵与现实意义。

在中亚腹地杜尚别，此次上合峰会在安全、交通便利化、扩员机制等三大领域成果的基础上，打下了欧亚大陆各国谋合作、求发展的新里程碑，为上合组织的可持续发展指明了方向。"丝绸之路经济带"也同时借助上合组织近些年与日俱增的地区影响力，焕发出蓬勃生机和活力。

在椰林树影、水清沙幼的印度洋岛国马尔代夫，习主席循着当年郑和下西洋足迹的造访，将中马长达 600 年的友好交往继续推向前进。热情好客的马尔代夫青少年们用一曲"大大，您好！夫人，您好！"超越语言、超越国界地将中马友谊淋漓尽致地展现在世人面前。

亲密如此，习近平更是幽默且语重心长地叮嘱中国游客，不要破坏珊瑚礁、少吃方便面、多吃当地海鲜！在这看似随意、看似寻常的沟通背后，是中国连续四年成为马尔代夫第一大游客来源国的深厚基础。近些年，中国对马尔代夫基础设施和民生工程的无私援助，则将"21世纪海上丝绸之路"的美好愿景化作了扎根于当地民众身边的实实在在的一砖一瓦、一草一木。

在"狮子国"斯里兰卡，中国醒狮与南亚雄狮共舞了一出大国与小国之间和谐共赢的好戏。从高僧法显到郑和船队的文明互鉴，从"米胶协定"的历史友谊到汶川地震和印度洋海啸的守望相助，中斯友谊可谓历久弥新。习近平主席在斯里兰卡媒体撰文，将中国梦与"马欣达愿景"摆在了同一高度，并用"人之相知，贵相知心"作比。在中国成为斯里兰卡最大的投资来源国一年后的今天，"中斯自由贸易区"也正蓄势待发。

在南亚大国印度，习近平主席对印度总理莫迪家乡的造访，巧妙地用具有鲜明"习氏风格"的"首脑外交"和"生日外交"把中印关系推到了一个崭新高度。习近平主席对印度的造访，是真诚地邀请印度人民与中国人民一道携手追寻共同的强国富民梦，做共同逐梦的好伙伴。当前，中国是印度第一大贸易伙伴，双方在气候变化、粮食安全、能源安全等全球性问题上密切协调和配合，有效维护了两国及发展中国家共同利益。在习主席和莫迪总理共同规划的愿景之下，"世界工厂"与"世界办公室"强强联合，"中国能量"和"印度智慧"释放巨大潜能，"一个精神，两个身体"的"中国龙"与"印度象"和谐共舞，孟中印缅经济走廊的打造也正稳步推进，真正的"亚洲世纪"指日可待。

"求木之长者，必固其根本，欲流之远者，必浚其泉源。"中国与亚洲各国的友好合作绝非无本之木、无源之水。中国与亚洲各国的政治互信、经济互利、人文互通，全方位、宽领域的务实交往构成了中国与亚洲、中国与世界并肩偕行的现实基础。

"有梦想，有机会，有奋斗，一切美好的东西都能够创造出来。"新时期背景下，"一带一路"构想的提出为西起欧亚大陆，南抵印度洋的广大地区和人民设置了值得共同追求的美好愿景。习主席此访涉及的塔吉克斯坦、马尔代夫、斯里兰卡和印度等国都是"丝绸之路经济带"和"21世纪海上丝绸之路"上的重要节点。习主席通过一步一步扎实而又稳重的步伐，为沿途国家理解和参与"一带一路"建设助力打气。

众所周知，"一带一路"的建设既承载着中国自身攻坚克难，奋进改革的重任，也担负着惠及周边国家、实现共同发展的希冀。虽然当前亚洲是全球瞩目的世界经济增长引擎，但各国之间的合作仍有待深化和加强，区域一体化水平也亟待提高。"一带一路"构想的建设，有助于推进亚洲内部的区域合作，有利于加强欧亚大陆之间的跨区域合作。

在当前纷繁复杂的国际形势下，中国可以自信且自豪地说，"一带一路"的宏大构想打破了传统区域、制度、文化等观念的束缚，史无前例地将来自欧亚大陆，太平洋、印度洋诸岛国情迥异的众多国家团结聚拢到了同一美好愿景之下。大道之行，始于足下。梦之未来，源于今朝。习近平主席此访，对于打破困扰地区和平发展的"亚洲困境"，推动"一带一路"的落地生根、枝繁叶茂的伟大事业，必将留下浓墨重彩的一笔！

2014 年 9 月 19 日

# "互联互通"共建亚洲人民幸福家园

"我们要通过亚洲互联互通建设，拉近人民思想交流、文明互鉴的距离，让各国人民相逢相知、互信互敬，创造和享受和谐安宁的生活，共同编织和平、富强、进步的亚洲梦。"

11月8日，习近平总书记在"加强互联互通伙伴关系"东道主伙伴对话会上发表重要讲话，描绘了亚洲互联互通的美丽图景，并提出了四个方面的互联互通路径：实现亚洲国家联动发展；塑造更加开放的亚洲经济格局；实现亚洲人民幸福梦想；打造亚洲特色的合作平台。基于这样的鲜明路径，和平、富强、进步的亚洲梦变得清晰而亲切。

事实上，此次亚太经合组织会议上，中国作为东道主，已经将亚太互联互通作为会议的议题之一。亚太要实现互联互通，首先就要亚洲实现互联互通。这个美好愿景，亚洲国家和有关国际组织都很关心，都有参与的愿望。中国同各方商量后决定召开"加强互联互通伙伴关系"会议，共商亚洲发展大计。可以期待的是，亚洲互联互通走进现实，必将使亚洲人民的生活更加幸福美好，必将把亚洲人民的幸福家园装扮得更加美丽。

互联互通是人类社会的追求，也是人类文明的一个尺度。从中国古代寓言"愚公移山"以实现家乡同外界的互联互通寓意，到连接亚洲、非洲和欧洲实现东方与西方之间经济、政治、文化交流的丝绸之路，再到从麦哲伦、哥伦布等开启的地理大发现，连通外界、打开视野、实现交往都是人类朴素梦想。而亚洲各国人民更可以说是互联互通的开拓者。为了实现互联互通，不惜排除各种困难和艰险。为了实现幸福的栖居，亚洲人民愿意心往一处想，劲往一处使。

今天的亚洲，有在更高层面和境界上实现互联互通的诉求和梦想。在世界经济复苏艰难曲折情况下，亚洲国家需要积极作为，联手培育新的经济增长点和竞争优势。不仅需要修路架桥，进行平面化和单线条的联通，更需要实现基础设施、制度规章、人员交流三位一体，在政策沟通、设施联通、贸易畅通、资金融通、民心相通五大领域齐头并进。显然，这是一个全新的联通开放系统，它将为亚洲各国实现发展、追求幸福扫除各种不必要的障碍，提供更自由便利的条件和空间。

正如习近平总书记所说："亚洲各国就像一盏盏明灯，只有串联并联起来，才能让亚洲的夜空灯火辉煌。"面对各国制度和法律的差异、各方需求的千差万别、各类机制协调的不尽如人意，首先就需要在理念上破除障碍，实现联动发展才有共赢。这是一个开放的时代，"任何国家都不能关起门来搞建设。封闭没有出路，开放才能发展"。追求更加开放才有优势互补、利益共享。这些好的理念、思路需要大家一道努力，更需要落到实处，需要有务实的合作平台。现在，大家坐在一起共商大计，为的就是求得共识、构筑平台、让互联互通走进现实。

就在 9 月，中国与东盟加强互联互通，深化网络空间合作，围绕基础建设平台、技术合作平台、经贸服务平台、信息共享平台、人文交流平台，共同打造中国—东盟信息港，使之成为建设"21 世纪海上丝绸之路"的信息枢纽。就在 10 月，20 多个亚洲国家在北京签署了筹建亚洲基础设施投资银行的政府间谅解备忘录。就在 11 月初，习近平总书记主持召开有关会议，研究"丝绸之路经济带"和"21 世纪海上丝绸之路"规划、发起建立亚洲基础设施投资银行和设立丝路基金。互联互通在加速，更在提质。如习近平总书记所言，如果将"一带一路"比喻为亚洲腾飞的两只翅膀，那么互联互通就是两只翅膀的血脉经络。在此次对话会上，习近平对深化合作更是提出了五点务实建议。"愿意通过互联互通为亚洲邻国提供更多公共产品，欢迎大家搭乘中国发展的列车""中国将出资 400 亿美元成立丝路基金"……在推动互联互通建设中，中国展现了最大的诚意和善意，体现了为实现和平、富强、进步的亚洲梦的不遗余力。

海德格尔写道："人，诗意地栖居。"哲学家的梦想走进现实，互联互通是重要的基石。只要亚洲各国人民倾力合作、共同努力，互联互通将不再遥远，亚洲梦将触手可及。

2014 年 11 月 19 日

# 与梦想偕行　踏崭新征程

　　当 2015 年第一缕阳光洒向中华大地，古老而又充满活力的中华民族又迎来了崭新一年。站在岁首回望，刚刚过去的 2014 年无疑是波澜壮阔、高潮迭起的，它注定要成为中华民族实现伟大复兴中国梦的征程中一座不寻常的里程碑。与梦想偕行，中国人迎来中国梦纪元的第三个年头。

　　一如习近平主席在新年贺词中说的那样，为了做好 2014 年一系列利国利民的工作，各级党员干部都是蛮拼的，为此给予宝贵支持的中国人民更值得点赞。沿着习近平主席新年贺词的轨迹回眸 2014 年："这一年，我们锐意推进改革，啃下了不少硬骨头，出台了一系列重大改革举措，许多改革举措同老百姓的利益密切相关。"无论是从攻坚克难的难度还是高屋建瓴的高度来说，"深改元年"的新一轮改革无疑是具有开创性和超越性的。从单独二胎、公车改革到废除劳教、养老并轨，让"不敢想的"成了"眼前的"，让"想不到的"成了"身边的"。改革唯其艰难，才更显勇毅。有"深改元年"里一系列大动作、大举措，已经没有人怀疑 2015 年改革的力度与深度，中华巨轮必然将在经济发展"新常态"的波涛里劈波斩浪、挺立潮头。

　　"这一年，我们着力正风肃纪，重点反对形式主义、官僚主义、享乐主义和奢靡之风，情况有了很大改观。我们加大反腐败斗争力度，以零容忍的态度严惩腐败分子，显示了反腐惩恶的坚定决心。"2014 年，位高权重、权倾一时的"大老虎"，为害一方、小官大腐的"苍蝇害虫"一个个落网。伴随着反"四风"的强力推进，党风政风为之一新，党心民心为之一振。而借助依法治国的全面推进，公平正义的光辉也将更加夺目和温暖地照耀在每一个中国人的身上，贪污腐败将更加无所依附、无处遁形。2015年，如鸟之两翼、车之双轮的全面深化改革和全面推进依法治国也必然将越来越彼此契合、相互辉映，合力助推着全面建成小康社会的目标如期实现。

"中国人民关注自己国家的前途，也关注世界的前途。"习近平主席的表态承接古今，暗合着中国传统文化中"天下大同"的至高追求。用"大外交"来形容习主席引导下的中国外交毫不为过。何谓之"大"？首先是"不畏浮云遮望眼"的眼界之大。中国不仅善于同发达国家打交道，也不忘与发展中国家谋发展。既有传为佳话的"瀛台夜话"，还有一年遍历18国的"点穴式"外交，更有亚信会议、APEC会议"聚光灯式"的主场外交。其次是"海纳百川"的胸怀之大。丝路基金、亚投行的梦想成真让"一带一路"的新蓝图燃起新希望；跨海送水解马尔代夫燃眉之急，越洋医疗队纾西非埃博拉之难，如此义利相映生辉、四海共襄发展的"大外交"，让全世界都对2015年的中国外交充满期待和希冀。

"我们正在从事的事业是伟大的，坚忍不拔才能胜利，半途而废必将一事无成。我们的蓝图是宏伟的，我们的奋斗必将是艰巨的。"习近平主席语重心长地提醒国人：越是在中国梦轮廓逐渐清晰的当下，越是要居安思危、防微杜渐。

2014年诚然是光荣与梦想交相辉映的一年，但潜伏在中华巨轮之下的暗流依旧不容忽视。随着深化改革的不断推进，逐渐触及的利益纠葛、历史沉疴都决定了新一轮改革将是一场硬仗，不下定斩钉截铁、壮士断腕的决心，断然难以推进。持续数月的香港"占中"乱流虽然在全体港人的唾弃之下土崩瓦解，但其所代表的反华势力、分裂势力扰乱中国发展的图谋绝不会自行消解。"木秀于林，风必摧之"

的道理，同样适用于当前高歌猛进的中国。以乌克兰危机和"伊斯兰国"为代表的国际矛盾的激化和突变，提醒我们世界距离持久和平仍有很长一段距离，任何"刀枪入库、马放南山"的懈怠都需要警惕。

面对机遇与挑战，只有全国人民团结一心，像习近平主席说的那样，"集思广益用好机遇，众志成城应对挑战，立行立改破解难题，奋发有为进行创新"，才能化危为机、为我所用，在逐梦路上越走越顺、越走越快。

2015年，是甲午国殇整整两个甲子，是抗战胜利70周年，也是完成"十二五"规划的收官之年，对于中华民族实现伟大复兴中国梦来说，具有非比寻常的意义。梦想的力量是无穷的，与梦想偕行，它可以是披荆斩棘的改革与反腐利剑，也可以是开足马力奔驰于经济发展"新常态"上的高铁。2015年，我们每一个人都是逐梦征程上"中国梦之队"的一员。

2015年1月3日

# 中国人为什么需要信仰

"人民有信仰，民族有希望，国家有力量""实现中华民族伟大复兴的中国梦，物质财富要极大丰富，精神财富也要极大丰富"，习近平总书记在会见第四届全国文明城市、文明村镇、文明单位和未成年人思想道德建设工作先进代表时的重要讲话，为继续锲而不舍、一以贯之抓好社会主义精神文明建设，实现了理念上的升华、实践上的开拓、方向上的指引。

信仰问题是一个根本性问题。一个人的信仰，决定了他的全部行为。一个民族的信仰，决定了这个民族的未来。有人说，"中国人没有信仰，而没有信仰的民族是可怕的"。用这种错误的观念来观察中国人，注定是错上加错。在这些人心里，大抵是用宗教以偏概全了信仰。诚然，很多中国人不关心宗教，但心中的信仰千百年来一直有着丰厚的土壤，这个信仰浸润在血脉中，成为中华民族的文化基因。

冯友兰曾把中国人的信仰归结为一种"超道德价值"，认为这种价值并不限于宗教，在中国人那里，更多的乃是一种哲学。的确，中华民族有那么一盏明灯，它照亮了民族的精神旨趣，人生追求。人们正是秉持心中的信念，去做人做事，去实现境界的不断提升。这正是中国人的信仰。千百年来，正是在共同信仰的烛照下，中华民族不断发展壮大，历经磨难而不倒，成为在世界上巍然屹立的伟大民族。

在世界格局深刻调整的大势下，今天的中华民族迎来民族复兴的光明前景，今天的社会主义中国站在了至关重要的历史方位。在这样的大势下，我们要实现一代代人的夙愿，实现亿万人民的梦想，就比以往任何时候都更需要信仰的支撑，更需要增厚信仰的土壤。诚如习近平总书记所言，"不断增强道路自信、理论自信、制度自信，让理想信念的明灯永远在全国各族人民心中闪亮"。

信仰是什么？它绝非不食人间烟火的没有现实生命力的东西，而是存在于人民的生活实践中，存在于民族前行的步伐里。古人千百年来的生活智慧、文脉基因是我们的信仰，今人在开拓实践中得到的正确的、规律性的价值认知也是信仰。在这个意义上说，信仰本身就是一个需要不断建构、不断完善的生命体，唯此才能为我们的前行不断指引正确之路。

对于每个个体而言，信仰并非天生而有，也并非生而坚定。信仰需要建树，也需要时时校正方不致迷失。对于今天的中国人来说，信仰的建树，就是社会主义精神文明建设。唯有让中国人的精神生活丰富起来，信仰坚定起来，才能"为全国各族人民不断前进提供坚强的思想保证、强大的精神力量、丰润的道德滋养"，中国人民也才能以与一个走向世界、面向未来的社会主义中国相匹配的精神风貌傲立于世，赢得世人的尊重和钦佩。

必须认识到，在人的头脑里搞建设，决不是现实世界搞建设那种范式。没有春风化雨、润物无声的方法，没有扎根实践、富有生命力的价值理念，头脑中的建设搞不起来。那种自己都不信的传授，那种强硬灌输式的说教，都只是自欺欺人。这就是为什么习近平总书记强调必须"审时度势、因势利导，创新内容和载体，改进方式和方法""紧紧围绕促进人民福祉来进行，坚决反对形式主义、官僚主义"。正如刘云山同志所言"精神文明建设，建设的是理想信念，建设的是思想道德，建设的是文明风尚，最需要虚功实做、最忌流于形式，要大兴求实、务实、落实之风"，唯有虚功实做、做到细处、小处、实处，精神文明的种子才会不断生根，人民信仰才会更加坚定不移。

当信仰内化于心里、贯注于行中，"两个一百年"奋斗目标、13亿人民的中国梦，就没有什么力量可以阻挡。

2015 年 3 月 1 日

# 领袖风范总在细节间

鲜花盛开的五月，习近平主席访问哈萨克斯坦、俄罗斯和白俄罗斯，并出席俄罗斯纪念卫国战争胜利 70 周年庆典。这是一次意义重大、成果丰硕的访问，当恢宏的历史场面扑面而来，领袖风范总在一些难忘的细节中闪现。

当习主席挥手向伴着《喀秋莎》乐曲迈进红场的中国仪仗队致意；当习主席把一块块纪念奖章佩戴给耄耋之年的二战老战士；当克里姆林宫为习主席打开厚厚的宫门；当习主席在独立宫后院种下云杉树……

一幕幕，一次次，总是定格为经典。每次出访，习主席的举手投足之所以能让诸多网友连连刷屏，是因为其中体现了诸多可贵品质，难忘的形象，让网友们乐评不止。

一是尊老敬老。此次出访，习近平在俄罗斯和白俄罗斯都先后给二战老战士颁奖，他们中有的还参加了打击日本侵略军解放中国东北的战役。一个让人意外的细节是，当 90 岁的老战士加维尔托夫斯基接受奖章时，习主席看到他腿脚不便，马上说："我过去给你颁奖，你别过来了。"随即习主席快步上前为其颁奖，全场掌声一片。

敬老人、重友情说到底是对人真心、真诚，是领袖身上最让普通老百姓点赞的品质。纵观这些年出访，习主席总是在百忙之中抽出时间见见老朋友，"衣莫若新，人莫若故"是习主席经常念叨的话，2012 年习主席访美时与艾奥瓦州 27 年前考察学习结识的老朋友重逢座谈被传为佳话，美国媒体叫好连连。此次在莫斯科，习主席体贴老战士更是让俄罗斯人敬佩。加维尔托夫斯基妻子会后拥着丈夫说："这是多么大的荣耀！"

二是旗帜鲜明。当习主席在红场观礼台挥手致意，当习主席向无名烈士墓献花默哀，这些注定要载入史册的瞬间含义深远。庆"五九"，望"九三"。今年9月我们要热烈庆祝中国人民抗日战争胜利70周年，并以此昭告世界：中国是第二次世界大战亚洲主战场，中国人民为世界反法西斯战争胜利作出了巨大贡献，任何企图修改历史的图谋注定失败。

三是实实在在。2013年9月，习近平主席在哈萨克斯坦的演讲中首次提到丝绸之路经济带的战略构想，一经提出就震动世界。此次习近平再度访问哈萨克斯坦，当年的畅想正逐步变为现实。近两年来，从亚投行到丝路基金，从互联互通到各种协议的签订，纸上蓝图正一步步落实。"一带一路"战略，可谓凝聚世界求繁荣的人心，契合世界谋发展的大势。此访中，"对接"成为关键词。习近平主席与普京总统签署《关于丝绸之路经济带建设与欧亚经济联盟建设对接合作的联合声明》，中白两国元首达成共识把丝绸之路经济带倡议同白方的欧亚地区经济一体化设想对接。中俄、中白均签署一系列合作文件，独立宫甚至出现卢卡申科总统激动地称之为"排队签协议"的盛况。从机场迎接到独立宫会谈、植树，从出席经贸合作论坛到为中白工业园剪彩，卢卡申科总统全程陪同习主席，其友好、敬佩之心不言而喻。

什么是领袖风范？一百个人恐怕有一百种答案，但有着令人敬佩的品德修养，能凝聚万众人心，有着超乎寻常的战略视野并能将其落到实处是世人共识。习主席出访展现出的种种风采，给了领袖风范最好的注脚。

2015年5月12日

# 习近平答问彰显大国从容自信

在启程对美国进行国事访问前夕，国家主席习近平接受了《华尔街日报》书面采访。面对该报提出的 12 个方面涉及诸多热点的尖锐提问，习主席开诚布公，知无不言，激浊扬清，详细而充分地回应了一段时间以来国际社会对中国的种种误解、疑忌与猜想，充分彰显了一个走向世界、走向现代化的大国的坦荡、从容、自信。

在中国拥抱世界、追逐梦想的进程中，总是伴随着各种搬弄、挑拨、谣言、妄语等极端声音。尤其在中国处于转型变革的关口上，随着经济体量的增大和国际地位的上升，这种声音越来越多、调门也越来越高。此次《华尔街日报》所提出的问题，可以说集中了国际社会的各种猜想和关切。

从中国是不是在挑战以美国为主的全球治理结构，到南海岛礁建设、网络间谍问题；从中国经济放缓、资本外逃，到改革面临哪些阻力；从官员财产公开、反腐影响经济发展，到互联网言论自由问题，再到伊核、朝核问题，等等。《华尔街日报》显然是下了一番收集意见的功夫，所提的问题也从一个侧面反映了国际社会对中国的变形观感与印象。

由此不禁想起 2014 年 11 月习主席在澳大利亚联邦议会的演讲中所形象描绘："中国是一个拥有 13 亿多人口的大国，是人群中的大块头，其他人肯定要看看大块头怎么走、怎么动，会不会撞到自己，会不会堵了自己的路，会不会占了自己的地盘。"这体现的恰是中国面对外界误解、猜想、疑忌时的一种客观、大度与平和心态，此次习主席回答《华尔街日报》书面采访时全面深入的阐释，体现的正是这种心态，在用事实说话中透出从容淡定，在公开阐述中国的做法和认知中，传递出中国追求和平发展、互利共赢、构建人类命运共同体等价值与信念。

"全球治理体系是由全球共建共享的，不可能由哪一个国家独自掌握。中国没有这种想法，也不会这样做。""中美两国经济总量占世界三分之一、人口占世界四分之一、贸易总量占世界五分之一，这两个'大块头'不合作，世界会怎样？""一个家庭还会有这样那样的矛盾，中美两国难免会存在一些分歧。""改革必然会触及一些人的既得利益，改变一些人的工作和生活状态，当然会有难度，不然就不叫改革了。"习主席的答问没有闪避尖锐、回避矛盾，而是以平等视角、坦诚态度，既有力地解疑释惑，让人信服，又富于感染力和穿透力，充满了个性与机趣。

对于所有关心中国、关心中美关系、关心中国的国际态度与作为的人而言，习主席的回答是打开的明亮之窗。对于那些有意制造事端、喜好搬弄是非、唱衰唱空中国的人来说，习主席的回答则是撒向角落的阳光。

2015 年 9 月 22 日

# 真实的中国是这样的

　　用生动感人的故事打动美国，用宽广无涯的视野影响世界——国家主席习近平访美的第一场演讲给美国、给世界留下深刻印象，赢得广泛赞誉。这一刻，美国在倾听，世界在倾听。

　　世界在倾听是因为，这是习主席首次在美利坚大地上全面系统地阐述对中美关系、对世界形势的看法。中美关系是当今世界最重要的双边关系之一，中美两国开展战略协调与合作，将改变世界未来发展的格局。

　　世界在倾听还因为，作为世界第二大经济体，中国改革发展的新进展、中国经济的新走向牵系世界，世人希望从习主席的阐述中寻找答案。正因为如此，美联社、德新社等国际媒体早早预告演讲的日程安排，各大外电滚动报道，CNN、CNBC 等国际电视台现场直播。

　　一个个故事让人难以忘怀，体现了一个政治领袖的真诚与坦荡胸怀。习主席一开场就讲述年轻时梁家河插队和今年春节重访梁家河的故事，从想让乡亲们吃上肉到如今梁家河的变迁，两相对比透露出中国改革开放以来的翻天覆地变化，"中国梦"的故事一下子打动听众。习主席讲到"中国皇后号"首航中国、中美携手抗击法西斯等，体现了中国对拓展中美各层次交往的真诚希望。

　　一个个美国文学家、政治家的名字和典故信手拈来，展现了习主席对美国这片土地和人民的熟悉。从马克·吐温到杰克·伦敦，从林肯到罗斯福，习主席对他们的作品和故事如数家珍，"纸牌屋"的典故和与海明威的"神交"故事，引来听众们会意的掌声与笑声。

习主席用一系列数字与事实冰消外界各种猜测与疑惑，展现出对中国经济发展和中国发展模式的自信。一段时间以来，外界对中国经济状况、反腐败、股市波动和汇率政策有种种猜测与误解，习主席开诚布公，不回避敏感问题，详细而充分地回应了一段时间以来国际社会对中国的种种误解、疑忌与猜想。

习主席与美国相约"四件事"以推进中美新型大国关系：正确判断彼此战略意图，不要自造"修昔底德陷阱"；坚定不移推进合作共赢，中美冲突与对抗，对两国和世界肯定是灾难；妥善管控分歧，把矛盾点转化为合作点；广泛培植中美人民友谊。

倾听，世界不应错过，这是中国最高领导人从西雅图向世界发出的清晰信号：发展依然是中国的第一要务；中国反腐没有权力斗争，没有"纸牌屋"；中国的问题是前进中的问题，中国发展的根本出路在于改革；中国致力于亚太安全，中美应携手致力于跨越太平洋的合作……

讲中国故事，讲中美故事，讲世界故事，理性睿智，放眼未来——习主席讲演结束时，现场响起了长时间的掌声，持续近一分钟。在中美交往的历史长河里，总有一些让人铭记的精彩时刻，而习主席的西雅图演讲，会是让人津津乐道的新增篇章。

2015 年 9 月 23 日

# 这一刻，和世界一起见证中国胸怀

联合国成立 70 周年之际，150 余位各国领导人，5000 余名记者齐聚联合国总部，一起参与和见证人类面向未来的思考和行动。9 月 26 日举行的联合国可持续发展峰会上，习近平主席发自肺腑、满怀深情地完全脱稿演讲，赢得了会场此起彼伏的热烈掌声。向全世界展现出中国悲天悯人、兼济天下的大国胸怀，向全人类表达了中国落实《2015 年后发展议程》的坚定决心。这一刻，全世界见证了激荡人心的中国胸怀。

"唯有发展，才能消除冲突的根源；唯有发展，才能保障人民的根本权利；唯有发展，才能满足人民对美好生活的热切向往。"饱经历史沧桑的中国最懂得发展之于一个民族、一个国家乃至世界的深刻意义。在南北发展失衡、欧洲难民危机等新旧问题云谲波诡的当下，习主席对发展问题高屋建瓴的认识，无疑为国际社会提供了智慧的解决方案。改革开放 30 多年来，披荆斩棘的中国就是通过聚焦发展，成功减少 4.39 亿贫困人口，基本实现千年发展目标，有力促进了全球发展事业。正如联合国秘书长潘基文赞扬的那样，"中国在消除贫困、实现千年发展目标等方面做出了杰出贡献，为世界做出了榜样，希望中国能继续在应对全球性挑战方面发挥领导作用。"

"坐而论道不如起而行之"。针对本次峰会通过的《2015 年后发展议程》，习近平阐述了以"公平、开放、全面、创新"为核心的四大发展理念，提出了"增强各国发展能力""改善国际发展环境""优化发展伙伴关系""健全发展协调机制"的四点倡议。这些理念、倡议有的源自中国自身发展的成功经验，有的总结自多国发展的普遍规律，顺应了时代发展的潮流、回应了广大发展中国家的心声。

在中国几十年的发展历程中，曾经获得很多国家的无偿援助和积极支持，中国人民从来没有也绝不会忘记这些情谊。在日益富强的今天，中国也开始越来越多地主动承担起国际责任，让自己的发展带动其他国家的发展。60多年来，中国向166个国家和国际组织提供了近4000亿元人民币援助，派遣了60多万援助人员。中国近来提出的"一带一路"倡议更是将史无前例地惠及沿线60多个国家、44亿人口。

此次会议，当习主席作出中国将设立南南合作援助基金，增加对最不发达国家投资，大量免除贫困国家债务等承诺后，现场立刻爆发出雷鸣般的掌声。演讲结束后，数十位国家元首自发在走廊外等着与习主席握手。这是联合国发展峰会开幕以来，第一次有国家元首排队等待与一位发言者握手。这经久不息的朴实掌声，这不约而同的握手致敬，充分体现出国际社会对讲情义、负责任、重行动的中国风范的认可和褒奖。

2015 年 9 月 27 日

# 国家关系归根结底是人民之间的关系

在汉字中，"人"字就是一个相互支撑的形状。中美友好，根基在民众，希望在青年。国家主席习近平此行在西雅图演讲中的这段话，是对中美友好既往的总结和未来的期盼。

中美两国虽然远隔重洋，但两国人民的友好交往源远流长，习主席自己多次访美的亲身经历亦可为证。中美建交初期的1985年，县委书记习近平赴马斯卡廷考察农牧业，直接就住在了当地居民家，和大家一起为房东儿子过生日；2012年，身为国家副主席的习近平在农场和美国农民一起操作起了播种机，他还和美国球迷一起看球赛，成为首个在美国现场观看 NBA 比赛的中国领导人。热情好客的美国人民和幽默爽朗的习近平结下深厚友谊，成就一段段佳话。

此次在美国访问塔科马市林肯中学，习主席旁听课程、愉快接受"1号"球衣、与师生相聚交流等温馨画面在大洋两岸的社交媒体上热传。21年前，时任福州市委书记习近平访问塔科马市，推动福州与塔科马缔结为友好城市；21年后，习近平主席专门来到塔科马市访问，并将其列为西雅图这一站"心愿单之首"，塔科马市市长史蒂克兰德女士认为，这是习近平主席西雅图之行中"难忘而动人心弦的一幕"。

最是情真处，难忘是故人。习主席曾出钱出力帮助梁家河下乡插队时的伙伴治病，与河北作家贾大山的交往被传为佳话，《忆大山》一文感动无数读者。忙不辞旧、奉心如昔的大爱真情，为人们口口相传。

不忘老朋友，也更愿意结交新朋友。访问林肯中学，习主席就结交了一批年轻的美国新朋友，回顾习主席这些年的出访，访问俄罗斯与德国，习主席与当地学习汉语的学生交流互动；访问比利时和韩国，习主席前往当地知名大学发表演讲；访问澳大利亚，习主席特意去塔斯马尼亚州朗塞斯顿市看望给他写信的孩子们……

"国之交在于民相亲。"唯有民相亲，唯有民众相互理解支持，国之交才更诚、更铁、更远。习主席在西雅图的演讲中，就把"培植中美人民友谊"列为发展中美关系"四件事"之一。

从习近平首次访美到今天的 30 年间，中美民间交往逐浪高涨。2014 年，就有 430 万人次来往于太平洋两岸，并已有 49 万名中国青年先后到美国学习，超过 10 万名美国青年在华学习。看美剧、赴美留学、交美国朋友早已成为不少中国人生活的一部分。而学汉语、赴华经商、读孔子学院也成为越来越多美国人的时髦选择。

国家间关系的好坏归根到底要看双方人民间友谊的深浅厚薄。从 150 多年前中国工人和美国工人齐心协力铺就太平洋铁路，到 70 多年前中国军民和美国将士并肩作战赢得二战胜利，中美和平友好的故事从未间断。

习主席说：中国人民一向钦佩美国人民的进取精神和创造精神。同样，美国人民对中国人的勤劳善良也向有褒扬。热爱和平、勤劳善良的中国人民和勇于进取、善于创造的美国人民间的友谊有深厚根基、有美好愿望。当习主席第七次踏上美利坚的土地，和平友好之风徐徐吹散"零和思维"之霾。

2015 年 9 月 30 日

# 习近平坦诚答问路透社赢得认同

在对英国进行国事访问前夕，国家主席习近平 10 月 18 日接受路透社采访，回答了 10 个方面的诸多问题，在网络上引起强烈关注，不少话语因生动、形象、精辟、深刻，更是受到网友热捧。通观 7000 多字的答问长文，路透社记者问得恳切，把英国民众乃至国际社会关切的诸多问题抛了出来；习主席答得坦诚，有什么话说什么话，可谓坦诚交心。

在世界多极化、经济全球化深入发展的大势下，当中国走进世界舞台中央，就不可避免地受到世人的关切和打量。回避关切目光，回避关键问题，只会引来更多疑虑，难以赢得认同。习主席答问不回避敏感问题与矛盾，把中国怎么想的和怎么做的，都真诚地摆到桌面上，开诚布公地告诉了世人。"中国为世界和平与发展作出更多努力，不是想成为所谓的'世界警察'，更不是要取代谁。""南海是中国对外经济往来的重要通道。中国比任何国家都需要南海和平、安全、稳定。中国不愿看到南海生乱，更不会主动制造混乱"，这样的直陈既观点鲜明，又道理明白，让世界了解中国，更让世界接受中国。

习主席的答问，说理透彻，形象生动。在谈到有人对中英合作抱有这样那样的疑虑时，习主席用家庭待客之道来形象阐述，可谓深入浅出。在回答中国政府采取国家补贴等方式，支持中国企业在海外进行拓展，对其他市场主体是否公平的猜疑时，习主席将心比心："中国政府的作用是为企业争取和创造良好的政治环境和公平的制度框架。这是各国政府都会做的事，而且西方国家做得比我们好。"在回应中国在气候变化中的责任时，习主席用赛车作比讲发达国家和发展中国家的历史责任不同，发展需求和能力也存在差异："有的车已经跑了很远，有的车刚刚出发，这个时候用统一尺度来限制车速是不适当的，也是不公平的。"

"中国愿同英国一道，秉持包容开放、合作共赢理念，提高合作水平，拓展合作领域，更好造福两国人民"，习主席行前答问引起广泛关注，预示着金秋5日英伦之行，将开启中英全面战略伙伴关系的"黄金时代"，为中欧关系全面推进注入新动力。也深刻表明，中国所秉持的包容开放、合作共赢理念，所追求的和平发展价值，正赢得越来越多的认同，迎来更多好朋友。

2015 年 10 月 19 日

# 习近平英伦之旅树立国际关系新典范

　　金秋十月，国家主席习近平用成果丰硕、亮点纷呈的英伦之旅，将中英这两个古老而年轻的东西方大国空前拉近。在五天时间里，不仅开启了持久、开放、共赢的中英关系黄金时代，还为世界树立了新型国际关系的典范。

　　"先义而后利者荣"。要让大洋彼岸的听众明白中国为何而来、看清中国将向何处去，少不了推己及人、引发共鸣的肺腑之言。议会演讲，习近平用"六个故事"号召中英打造"利益共同体"；中英工商峰会演讲，习近平寓情于理欢迎各国共走"一带一路"阳光大道；金融城晚宴演讲，习近平坦诚阐释中国道路、中国梦想。现场一次次自发的起立鼓掌和英媒一篇篇点赞中国的评论报道，显示出拥抱中国成为广泛共识。

　　翻开卷帙浩繁的近现代史，世界少有中英两国这样既能审时度势走出过往的碰撞摩擦，又能踌躇满志开启未来"黄金时代"的大国关系。而支撑这种壮举的力量，正来自于双方近年来合作理念、发展战略的深度契合、高度对接。循着习主席此访的轨迹看，从史无前例的中英《联合宣言》到 59 项全方位、无禁区的成果清单，从助力英国发展的华为公司到对接"一带一路"的国际移动卫星公司，中英关系已超越双边范畴，越来越具有战略意义和全球影响。对此，英国首相卡梅伦的点评堪称精准到位："我们贸易越多，对彼此成功的依赖就越深；我们相互了解越深，就越能够携手应对当今世界上的各种问题。"

这几天，面对中英历史性走近的红火热络，一些陈词滥调不时出现。但人们只要留心习主席此访的几处细节，就足以坚信中英携手前进的底气和根基：习主席会见英国友人、点评英国学生的朗诵，显示出中国领导人的重情重义、幽默风趣；他主动为讲解员撑伞、微笑和曼城球星自拍，展现出来自东方的绅士风度和亲民情怀；而关注度颇高的中英版"庄园会晤"和乡间酒吧里的把酒言欢，更彰显出中英交往的坦诚自然。

高调将自己定位为"中国在西方最坚定的支持者、最开放的合作伙伴"，绝不是英国的心血来潮，而将诸多战略性决策和项目与英国对接，也绝不是中国的一时冲动。它显示的是作为拥有全球影响的大国，中英都能以长远和战略眼光，超越社会制度、文化传统差异的羁绊，积极理性地看待双边关系，理直气壮地谋求共同利益，精诚团结地实现共同发展。

"一个明智的人总能抓住机遇，并且把它变成美好的未来"。在中英关系"黄金时代"大幕初启的当下，习近平用一次立足英国，面向欧洲，辐射全球的"超级国事访问"，为全世界树立起新型国际关系的典范。

2015 年 10 月 24 日

# 完善大国外交布局的重大举措

习近平主席访问捷克并出席第四届核安全峰会，是今年中国外交的一个重大行动。

此访，跨越两大洲，纵横数万里，日程紧凑，成果丰硕，可以概括为两句话：拓展与中东欧国家互利共赢，推进全球核安全有效治理。这是进一步完善我国外交布局的重大举措。

习主席访捷，是中捷建交以来中国国家主席首次访问捷克，也是习主席首次以国家主席身份访问中东欧国家。习主席用"春发夏长"形容当下的中捷关系，表明两国传统友谊有了长足发展，也表明中东欧乃至中欧的务实合作进入一个新阶段。两国签署《建立战略伙伴关系的联合声明》，确认了两国关系的新定位，为全面提升合作水平奠定坚实基础。

两国就推动"一带一路"倡议同捷克发展战略对接、国际产能合作同捷克优势产业对接、"16＋1合作"同中捷双边合作对接达成重要共识。

双方共签署10项政府间文件和15项企业间合作协议，内容涉及基础设施、机械、汽车、航空、金融、核能、科技、人文地方、医药卫生、产业园区合作等多个领域。

两国扩大各领域人文交往，实施民心相通工程，将旅游合作打造成中捷交流合作的"名片"，扩大互派留学生规模，使中捷友好事业薪火相传。

外国媒体高度评价习主席对捷克的历史性访问，认为这是中国将务实合作的大棋局向中东欧拓展的战略举措，是中国综合实力的真实展现，其影响力将在不久的将来显现出来。

毫无疑问，中国对核安全的主张举世瞩目，习主席出席华盛顿核安全峰会，理所当然地引起各方面高度关注。当前，世界格局正在经历前所未有的深刻演变，安全领域威胁和挑战层出不穷，产生恐怖主义的根源远未消除，核恐怖主义仍然是对国际安全的重大威胁。在此背景下，加强国际核安全体系，对于核能事业健康发展、推进全球安全治理、完善世界秩序重要而紧迫。

此次峰会，习主席提出的加强国际核安全体系的"四项主张"得到与会各国普遍认同。面对日益严峻的核安全形势，国际社会有识之士认为，中国提出的"强化政治投入、强化国家责任、强化国际合作、强化核安全文化"，着眼主要矛盾和问题，兼顾长远需求和当务之急，具有战略性、可行性，理当成为会议的重要引领。

与此同时，习主席还就促进核安全国际合作提出五项倡议。这些倡议立足中国自身能力和需要，向国际社会提供公共产品，推动各国共同受益，展现了一个大国的责任担当，展示了中国开放、自信、负责的国际形象。

中国在核安全领域的出色表现，使中国赢得声誉，显示出强大感召力，峰会通过会议公报纳入了中国"核安全观"和构建国际核安全体系等重大原则主张，成为此次峰会一个亮点。

今年，是我国实施"十三五"规划的开局之年。作为世界第二大经济体和最具发展活力的新兴大国，中国的一举一动都受到国际社会的关注，中国的发展走向也必然对国际经济政治格局产生影响。

新春伊始，习主席访问捷克并出席第四届核安全峰会，展示了中国外交深谋远虑的战略布局和2016年的精彩篇章。人们通过习主席的一系列外交活动，看到中国改革开放的光明前景，看到中国推动互利合作、和平友好的真诚愿望，看到中国与国际社会共同面对挑战、推动全球治理的坚定决心。人们有理由期待中国对世界和平与发展作出新的贡献。

2016 年 4 月 3 日

# 写在《国平论天下》出版之际

《国平论天下》四卷本与读者见面了。四卷分别是——"正议之声""治国理政""伟大情怀""和平之光"。

署名"国平"的网络评论，从2014年春季面世以来，遇到重大事件和重要新闻，大都要提出观点、发表意见；不到两年时间，推出700多篇。同时，"国平"选题很有章法，发稿连续不断，且中气十足，字正腔圆，所以很多人开始留意"国平"。

特别是，通过各大网站在显著位置上及时推送，"国平"在很短的时间内，声名鹊起，渐为不少网民所注意，渐为媒体同行所关注，成为国内外媒体和相关研究机构观察当今中国发展走向的一个窗口。

"国平"属于网络评论，与网络读者密不可分。所以，从一开始，"国平"就秉持"服务网民"理念；因为"国平"深知，没有读者的关注参与，"国平"之评，很难说有什么意义；而"国平"倘若能在与网民中的互动中给人以启迪，或者提供一点有价值的意见，才是真正让人欣慰的成就。

在《国平论天下》四卷本结集付梓之际，衷心感谢广大网民的厚爱，感谢各网站的支持，感谢人民出版社帮助。

这里，将"国平"来龙去脉做个简单介绍，以便求教于网民和读者，更好改进我们的工作。

## 谁是"国平"

"国平"是一个创作集体。其主要职责是在国家网信办传播局的指导下完成上级交办的舆论引导任务。

"国平"不是编制内的写作班子，其主撰人员来自相关中央媒体、国家机关、大专院校和研究机构。"国平"成员平时干各自的工作，有任务时统一调配。

"国平"的核心成员只有五六人而已，负责选题策划和稿件统筹。他们中，"老中青"搭配，有的擅长政治评论，有的是经济问题专家，有的长期研究外交问题，有较高的专业素养，属于新闻行当里的"快枪手"。

这样一个创作集体，充分利用互联网优势，实现移动、远程办公，不论在何时、何地，"国平"这个集体都保持密切联系，处于全天候工作状态。这也正是"国平"能够"上天入地，无远弗届"，可以在第一时间推出重要评论的原因所在。

## "国平"的主要任务是什么

大家知道，以互联网为载体的各类新媒体迅猛发展，是当今最重要的大众传播手段。我国网民人数之众，移动客户端用户之多，独步世界。基于这一现实，习近平总书记强调："要把网上舆论工作作为宣传思想工作的重中之重来抓。"这一重要论断，深刻阐明了网络工作的极端重要性，也为网络事业发展指明了方向。

推出"国平"，是贯彻总书记"重中之重"要求的切实之举。正如国家网信办领导同志所说，"国平"既要坚持正面引导，输出正能量，为改革发展营造良好舆论环境；也不回避矛盾问题，疏导情绪，解疑释惑。同时，还要应对网上舆论斗争。

是的，"国平"署名，取"国家网信办评论"谐音。正像《人民日报》的"任仲平"，《求实》杂志的"秋平"一样，这种署名方式，表明它反映的是党和政府立场，但又不等同于社论、评论员文章。换言之，这类特定署名评论，侧重于引导舆论，而不是工作指导；注重回应百姓关切，而不仅仅诠释政策。

参与性和互动性，是互联网最鲜明特色和最活跃要素：众声喧哗，各抒己见，见仁见智，莫衷一是。正因为如此，才更加需要多元中立主导，多样中见主张。从这个意义上说，舆论场上，更需要有根有据的、非情绪化的、充分讲理、给人启迪的评论。"国平"坚持这个写作原则，不回避官方身份，却努力做到不打"官腔"。

"国平"就一些重大、敏感问题发表评论，如香港"占中"、中日关系、腐败大案等，都有较大反响。面对重大事件和重要新闻，"国平"不缺席、不敷衍、不跟风、不落俗。

总之，"国平"不是自由撰稿人，不是发表个人观点的"公知"。"国平"发言是郑重的、靠谱的。

## 关于《国平论天下》这套书

2015年，"国平"出版过一本书，书名就叫"国平论天下"。书在新华书店卖得不错，很受业界人士和新闻院校学生欢迎。同时，有不少人提出建议，希望本书按内容分类，各编一册，既方便读者各取所需，又不增加书的厚度。更重要的是，第一次印刷的《国平论天下》已告售罄，应读者要求，需要再出一版。

这套《国平论天下》分四个专题：

"正议之声"——直面社会生活矛盾问题，回应老百姓利益的关切。如网络共治共享、反暴恐反分裂、纪念抗战胜利70周年、申办冬奥等，对这两年国家的大事要事喜事难事，"国平"多有论及，或可说从一个侧面留下真实的历史记录。

　　"治国理政"——比较系统地梳理并解读新一届中央领导集体治国理政的新理念新思想新战略，比如"四个全面""五大理念""三严三实""习近平总书记治国理政新思想新成就"等，使人们可以更加清晰地了解中国特色社会主义不断发展、与时俱进的生动实践。

　　"和平之光"——面对复杂多变的国际形势，以习近平同志为总书记的党中央，以高超的政治智慧驾驭全局，全面推进和平外交，为我国的改革开放和现代化建设创造了良好的外部环境。总书记足迹遍及五大洲，中国外交光彩照人，极大地提升了我国的国际地位和影响力，一个和平友好、欣欣向荣的中国展现在世人面前。

　　"伟大情怀"——反映习近平同志殚精竭虑、奋发有为，带领全国人民在实现民族复兴中国梦的征程上，所取得的巨大成就、所彰显的迷人魅力。通过习总书记一系列政务活动的细节，展现出共产党人"全心全意为人民服务"的忠诚和亲民爱民为民的高尚情操。

　　本书编辑期间，恰逢网络安全和信息化工作座谈会召开，习近平总书记发表重要讲话，充分显示了中央对互联网事业特别是网上宣传高度重视。国家网信办明确提出，"要让党的主张成为网络空间的最强音"。这些，对"国平"是鼓舞，更是指导。

2016 年 5 月

责任编辑:宫　共

封面设计:徐　晖

责任校对:吕　飞

**图书在版编目(CIP)数据**

国平论天下之伟大情怀/国家互联网信息办公室 主编. —北京:人民出版社,

　2016.7

ISBN 978－7－01－016297－3

Ⅰ.①国… Ⅱ.①国… Ⅲ.①时事评论-中国-文集 Ⅳ.①D609.9-53

中国版本图书馆 CIP 数据核字(2016)第 116385 号

**国平论天下之伟大情怀**

GUOPING LUN TIANXIA ZHI WEIDA QINGHUAI

国家互联网信息办公室　主编

人民出版社 出版发行

(100706　北京市东城区隆福寺街 99 号)

北京墨阁印刷有限公司印刷　新华书店经销

2016 年 7 月第 1 版　2016 年 7 月北京第 1 次印刷

开本:710 毫米×1000 毫米 1/16　印张:16.25

字数:218 千字

ISBN 978－7－01－016297－3　定价:43.00 元

邮购地址 100706　北京市东城区隆福寺街 99 号

人民东方图书销售中心　电话 (010)65250042　65289539